100가지 아이디어 노하우

100 가지

아이디어 노하우

생각하고,

궁리하고,

아이디어를 쓰다

하시구치 유키오 지음 ★ **구수진** 옮김

시그마북스
Sigma Books

100가지 아이디어 노하우

발행일 2022년 2월 1일 초판 1쇄 발행
지은이 하시구치 유키오
옮긴이 구수진
발행인 강학경
발행처 시그마북스
Sigma Books
마케팅 정제용
에디터 최연정, 장민정, 최윤정
디자인 강경희, 김문배

등록번호 제10-965호
주소 서울특별시 영등포구 양평로 22길 21 선유도코오롱디지털타워 A402호
전자우편 sigmabooks@spress.co.kr
홈페이지 http://www.sigmabooks.co.kr
전화 (02) 2062-5288~9
팩시밀리 (02) 323-4197
ISBN 979-11-6862-007-0 (03190)

100AN SHIKOU KAKENAI OMOITSUKANAI TOORANAI GA NAKUNARU
ⓒ 2021 YUKIO HASHIGUCHI

Originally published in Japan in 2021 by MAGAZINE HOUSE CO.,LTD,. TOKYO,

Korean translation rights arranged with MAGAZINE HOUSE CO.,LTD,. TOKYO,

through TOHAN CORPORATION, TOKYO, and EntersKorea Co,, Ltd., SEOUL.

* **시그마북스**는 ㈜**시그마프레스**의 자매회사로 일반 단행본 전문 출판사입니다.
Sigma Books

아이디어는 노하우다!

아이디어는 재능이 아니라, 노하우다!

아이디어·사고법에 관한 수많은 서적 가운데, 이 책을 선택해주셔서 감사합니다.

저는 광고회사에서 일하는 카피라이터입니다. 광고 제작은 흔히 '아이디어를 내는 일'이라고 알려져 있습니다. 상품을 널리 알리거나 많이 팔기 위한 카피, 광고, 이벤트 등 모든 광고를 만들 때 아이디어는 빠질 수 없는 요소입니다.

하지만 저는 이렇게 생각합니다. 광고뿐만 아니라 **애초에 모든 일은 아이디어를 내는 일**이라고 말입니다. 만약 당신이 가전제품 회사에서 일한다고 합시다. 어떤 기능이 편리할지, 소비자가 원하는 기능이 무엇일지 아이디어를 짜내야 합니다. 레스토랑에서 일하고 있다면 메뉴 개발이나 매장 인테리어 등의 아이디어가 필요합니다. 호텔에서 일한다면 어떻게 고객을 대해야 할지 각각의 상황에 따른 아이디어가 필요합니다.

'그렇지만 내 일은 그저 매뉴얼에 따라 고객을 대하는 일이야.'

어쩌면 이렇게 생각하는 사람이 있을지도 모릅니다. 하지만 매뉴얼 그 자체가 접객 아이디어를 모아 정리해둔 것입니다. 인사법, 화법 등 누군가가 아이디어를 짜낸 결과로 탄생한 것입니다.

공공기관처럼 아이디어와는 거리가 멀어 보이는 직장도 있습니다. 행정 절차나 세금 시스템 등 엄격한 절차에 따라 담담하게 일을 처리할 뿐이라고 생각할지 모릅니다. 그런데 그 시스템은 어떻게 시작되었을까요? 그냥 생겨났을 리가 없습니다. 사회를 운영하기 위해 만들어진 아이디어라고도 할 수 있습니다.

저의 본업인 카피라이터도 광고에 들어가는 문장을 쓰는 일이라기보다, **아이디어를 문장으로써 표현하는 일**이라고 생각합니다. "상품 A는 가격보다 스펙을 전면에 내세워야 더 잘 팔린다. 그러려면 ○○라는 캐치프레이즈가 효과적이다." 대략 이야기하자면 이런 느낌에 가깝습니다.

그렇습니다. 당신이 어떤 일을 하고 있든 거기에는 반드시 아이디어가 존재합니다. 아이디어를 내는 능력은 모두에게 필요합니다. 앞으로 AI 보급이 더욱 확대되면 단순한 업무나 번거로운 절차는 모두 자동화될 것입니다. 아이디어 발상만이 인간의 두뇌로 하는 유일한 일이 될 수도 있습니다.

그런데 여기 큰 문제가 있습니다. 이토록 중요한 일인데도 우리는 **아이디어를 내는 노하우를 배울 기회가 거의 없다는 점입니다.**

저의 경우 운 좋게 광고회사에 취직했고, 카피라이터가 되면서 그 노하우를 배울 수 있었습니다. 그러나 그전에는 아이디어에 대한 이해가 전혀 없었습니다. 아이디어 워크숍을 진행하다 보면 과거의 저 같은 사람을 수없이 만납니다.

- 필사적으로 생각해도 아무것도 떠오르지 않는다.
- 손에 쥐고 있는 포스트잇은 아무것도 없는 깨끗한 상태.
- 있는 힘을 다해 아이디어를 하나 떠올렸지만, 별로인 것 같다.

이는 그들에게 능력이 없어서가 아닙니다. 오히려 모두가 부러워하는 기업에 다니거나 업무 실적도 좋은 편에 속합니다. 과거의 저보다 훨씬 일을 잘하는 사람이 대부분입니다. 지금껏 좋은 아이디어를 떠올린 적도 많았을 겁니다. 그런데도 "아이디어를 내라"는 말을 들으면 얼어붙고 맙니다. 비즈니스 현장에서도 비슷한 고민을 하는 사람이 많습니다.

- 회의에서 내 의견이 통과되지 않는다.
- '업무 개선안을 내라'고 하면 무엇을 포인트로 시작해야 할지 모르겠다.
- 자사 상품 판매량은 부진한데, 비슷해 보이는 타사 상품은 잘 팔리고 있다.

일이 잘 안 풀리는 원인은 대부분 당신의 '능력'이 아니라 '노하우를 모른다'는 점에 있습니다. 그래서 어쩌다 좋은 아이디어가 떠오르는 순간을 기다릴 여유가 없는 바쁜 당신을 위해, 이 책에서 제가 지금까지 쌓아온 '아이디어를 내기 위한 모든 노하우'를 낱낱이 공개합니다. 어쩌면 이렇게 말하는 사람이 있을지도 모릅니다.

- 우리는 광고업계처럼 크리에이티브한 분위기의 직장이 아니라서 관계가 없다.
- 딱딱하고 보수적인 일을 하는 나에게는 이런 것은 필요하지 않다.

하지만 앞에서도 말했듯 훌륭한 아이디어를 내는 능력은 모두에게 필요합니다. 이 책에는 **다양한 업무에 도움이 되는 내용**을 담고자 했습니다.

아이디어를 내는 일은 자기 생각을 정리하고 알기 쉽게 전달하는 능력을 키우는 데도 도움이 됩니다. 이 책에 담긴 노하우는 회의나 프레젠테이션에서 자기 의견을 전달하는 상황에도 응용할 수 있습니다.

미리 말해두지만, 저는 카피라이터로서 재능을 타고난 사람이 아닙니다. 비즈니스 서적을 집필한 저자들이 하나같이 자신은 재능을 타고나지 않았다고 말하니 '당신도?'라고 생각할지 모르지만(하하), 겸손이 아니라 사실입니다. '크리에이터'라고 하면 다른 종류의 인간을 보듯 바라보는 사람이 많은데, 사실 지극히 평범한 인간입니다. 취업 활동 당시 저는 지금 다니는 회사를 제외하고는 모두 낙방했었습니다(실화입니다…).

그럼에도 불구하고 십수 년에 걸쳐 현장에서 일할 수 있었습니다. 히트 광고를 만들고 상을 받기도 했습니다. 재능이 있어서가 아닙니다. 단지 노하우를 깨달았기 때문입니다.

좋은 아이디어를 내는 마법은 존재하는가?

아이디어 발상의 노하우라는 말을 들으면 다음과 같은 기대를 할지도 모릅니다.

'노하우를 알게 되면 좋은 아이디어를 쓱쓱 써낼 수 있게 되는 건가?!'

미안하지만, 그렇게는 안 됩니다. 저도 지금껏 좋은 아이디어를 술술 써내는 사람을 본 적이 없습니다. 예전에 유명한 크리에이터와 일하는 기회가 많았습니다. 여러분도 텔레비전이나 길을 지나다가 어딘가에서 본 적이 있을 법한 화제작을 만들어낸 사람들입니다. 회의에 멋지게 나타나서 주옥같은 아이디어 하나를 쏙 꺼내면 모두가 "오오…" 하고 술렁거리는, 그런 모습을 상상할지도 모릅니다.

안타깝게도 그런 장면을 목격한 적은 거의 없습니다. 저 역시 '이 아이디어는 잘하면 먹히려나, 어떨지 모르겠네…' 하고 이리저리 궁리해가며 일을 하고 있는 것이 솔직한 심정입니다.

그렇습니다. **좋은 아이디어가 퐁퐁 솟아나는 마법은 어디에도 존재하지 않습니다.**

무척이나 실망스러운 이야기로 들리겠지만, 너무 걱정하지 않아도 됩니다. 반대로 생각하면 아이디어에 타고난 재능이 필요하지 않다는 뜻이기 때문입니다. 천재 같은 건 존재하지 않습니다. 모두가 필사적으로 노력해서 아이디어를 내고 있습니다.

그렇다면 아이디어를 내는 노하우는 무엇일까요? 어떻게 해야 좋은 아이디어를 떠올릴 수 있을까요? 답은 간단합니다. 많은 양을 내는 것입니다.

허무한 대답인가요? "그저 많이 내는 거라면 누구든 할 수 있다"라고 반론할지도 모릅니다. 맞습니다. 실제로 누구라도 할 수 있습니다. 하지만 의외로 이것을 실천하는 사람은 많지 않습니다.

"아이디어를 가져오라"라는 말을 들으면 대부분 '최고의 아이디어 하나'에 집착합니다. 결과적으로 최고의 아이디어는커녕 변변찮은 아이디어 하나 내놓지 못하고 끝나버리고 맙니다. 변변찮은 아이디어조차 못 내는 사람이 최고의 아이디어를 낼 수 있을 리가 없습니다. 최고의 아이디어는 그저 그런 아이디어들 속에 슬쩍 숨어 있기 때문입니다.

모든 신입 카피라이터는 어느 회사든 '적어도 아이디어 100개는 생각해오도록'이라고 지시받습니다. 그것이 좋은 카피를 쓰는 유일한 방법이기 때문입니다. 실제로 현장에서 활약하는 사람의 특징은 아이디어의 '질'이 아니라 '양'에 있습니다. 기획회의에 사전처럼 두꺼운 아이디어 메모를 들고 오는 사람도 드물지 않습니다.

광고업계뿐만 아니라 신상품이나 신규사업 등 세상에 나온 성공 사례도 마찬가지입니다. 겉으로는 완전무결하고 화려해 보이지만, 그 사례는 탈락한 수없이 많은 아이디어 가운데 살아남은 단 하나입니다. 제 경험상 이것은 틀림없는 사실입니다.

"총 솜씨가 서툴러도 여러 번 쏘면 한 방은 맞는다"라는 일본 속 담은 아이디어 발상의 본질을 말해줍니다. 어쨌든 방망이를 휘둘러서 운 좋게라도 홈런을 치면 됩니다.

다행히 아이디어 발상에 삼진 아웃은 없습니다. 아무리 헛방망이질을 해도 아웃이 될 일은 없습니다. 그렇게 익숙해지는 동안 아이디어 하나하나의 퀄리티가 높아지고 '타율'이 올라갑니다.

'천재는 아니다. 센스도 없다. 그래도 아이디어로 뭔가를 해내고 싶다!'

당신이 저와 같은 생각을 하고 있다면, 이 책이 많은 도움을 줄 것이라고 믿습니다.

아이디어 100개 생각해내기는
이런 당신에게 도움이 됩니다!

☑ 삼일천하로 끝나지 않는 아이디어 기술과 사고법을 익히고 싶다

☑ 책상에 앉으면 그 순간 머리가 하얘진다

☑ 회의에서 의견을 물어오면 할 말이 없다

☑ 아이디어 재능이나 센스를 키우고 싶다

☑ 보수적인 조직 탓에 새로운 도전을 못하고 있다

- [x] 메모법을 실천하고 싶지만 성공한 적이 없다

- [x] 스스로 게으르다는 사실을 알고 있다

- [x] 세상의 유행 포인트를 잘 모르겠다

- [x] 회의에서 내 아이디어를 통과시키고 싶다

- [x] 시간이 없으므로 쉽고 빠르게 실천 가능한 방법을 알고 싶다

차례 /

왜 100개가 중요한가?

제 **2** 장

인풋을 일상화하는 6가지 방법

제 **3** 장

사고의 벽을 돌파하는 19가지 아이디어 스킬

제 **4** 장

최고의 아이디어를 고르는 방법

제 **5** 장

실천편: 아이디어를 100개 생각해내면, 여기까지 확장된다

제 1 장

왜 100개가 중요한가?

1

좋은 아이디어의 공통점

저는 카피라이터로 일하면서 카피라이터 양성강좌에서 강의도 하고 있습니다. 카피를 쓰는 기본적인 방법을 설명하고 나면 수강생에게 과제를 냅니다.

- 부조리 없는 세상을 만들기 위한 카피
- 인종차별 반대를 호소하는 카피

이렇게 과제 내용은 다양합니다. 카피뿐만 아니라 '새로운 비즈니스 아이디어를 생각해보자' 같은 과제를 내기도 합니다.

어떤 과제든지 좋은 아이디어를 내는 사람에게는 공통점이 있습니다. **여하튼 많은 양의 아이디어를 낸다는 점입니다.** 성별이나 나이, 성격, 개성 등은 제각각이지만 '아이디어를 많이 내는 사람'이라는 건 같았습니다. 반대로 달랑 하나만 제출한 사람의 아이디어가 좋았던 **적은 단 한 번도 없었습니다.**

그러나 거의 모든 수강생이 아이디어를 많으면 서너 개만 써냅니다. 정확하게 말하면 '안 쓰는' 것이 아니라 '못 쓰는' 것입니다.

저도 신입이었을 때는 상사에게 "적어도 100개는 생각해오도록"이라는 지시를 받았지만, 항상 그에 미치지 못했습니다. 100개는커녕 서너 개만 생각해도 머리가 굳어버리기 일쑤였습니다. 하릴없이 스마트폰을 만지작거리거나 유튜브를 보면서 시간만 흘려보냅니다. 결국 시간이 다 되어 변변찮은 아이디어 서너 개를 들고 기획회의에 들어갑니다. 그런 상황의 반복이었습니다.

그렇게 되는 이유는 간단합니다. 애초에 아이디어가 무엇인지 모르고 있기 때문입니다. 당신도 누군가가 "아이디어란 무엇이라고 생각합니까?"라고 물어온다면, 명확하게 답하기 어려울 겁니다. 단순히 이해하지 못한 상태라면 그나마 다행이지만, 잘못 이해하고 있는 사람이 많습니다.

아이디어가 무엇인지도 모르는 상태에서 아이디어를 낼 수 있을 리가 없습니다. 이번 1장에서는 아이디어에 관한 이야기를 하기에 앞서, 아이디어에 얽힌 오해를 풀어보고자 합니다. 모두에게 친숙한 아이디어는 의외로 잘못 알려진 경향이 있습니다. 대부분 필요 이상으로 어려워하고 괜히 높은 벽을 쌓아두고 있습니다.

이번 장을 읽고 나면 '아! 아이디어란 이런 거였구나' 하고 마음이 한결 편안해질 겁니다.

오해 ①

좋은 아이디어만 아이디어다

기획회의에서 종종 "이게…, 좀 별로긴 하지만…"이라고 운을 뗀 뒤에 자신이 준비해온 내용을 이야기하는 사람이 있습니다. 여기에서 알 수 있는 것은 **좋은 아이디어만** 아이디어라고 생각하는 사람이 의외로 **많다**는 점입니다.

이 책에서도 '좋은 아이디어를 100개 생각하라'는 말을 쓴 적은 없습니다. 그러나 대부분 '100개를 생각하라'고 하면 '좋은 아이디어를 100개 생각해내야 한다'고 멋대로 오해하고는 어찌할 줄 몰라 합니다.

젊은 시절 선배 카피라이터에게 "변변찮은 카피조차 못 쓰는 녀석이 좋은 카피를 써낼 리가 없다"라는 말을 들은 적이 있습니다. 선배의 조언을 듣고 정신이 번쩍 들었습니다. 그때까지 저는 실력도 없으면서 무작정 '최고의 카피를 써내겠다!'라며 의욕만 앞세우고 있었던 겁니다.

'그래. 이건 회사 내부 회의다. 세상에 내보일 게 아니다. 보잘것 없어도 괜찮다.'

그렇게 생각하자 마음이 한결 가벼워지면서 카피를 쓱쓱 써 내려갈 수 있게 되었습니다. 그 순간을 지금도 생생하게 기억하고 있습니다.

우선 '좋은 아이디어만 아이디어다'라는 오해를 버려야 합니다. 흔한 것이거나 다소 밋밋한 것이라도 아이디어는 아이디어입니다. 기획회의에서 "좀 별로긴 하지만…"이라고 운을 뗄 것이 아니라 당당하게 제안하길 바랍니다.

상사는 "최고의 아이디어가 떠오르지 않아서 하나만 제출했습니다"라는 말보다, 변변찮아도 많은 양의 아이디어를 제시하는 쪽을 선호합니다. 다양한 아이디어를 통해 '이 방향은 아닌 것 같다'라는 확인을 할 수 있는 데다가, 지금은 보잘것없지만 조금 손을 보면 재미있는 아이디어로 발전할 가능성이 있기 때문입니다.

오해 ②

아이디어란
'지금껏 없었던
새로운 무언가'다

애플의 스티브 잡스 같은 창의적인 인물을 동경하는 사람이 많습니다. '아이폰처럼 지금껏 세상에 없었던 새로운 것, 독창성이 있는 것, 아무도 본 적 없는 것을 만들어내고 싶다!'라고 많이들 이렇게 생각하기 쉽습니다.

하지만 이런 선입견은 아이디어를 떠올리는 데 나쁜 영향을 미칩니다. 애초에 '아이디어란 지금껏 없었던 새로운 무언가'라는 생각부터 잘못되어 있습니다.

아이디어는 아무것도 없는 상태에서 툭 튀어나오는 추상적인 것이 아닙니다. 사실 거기에는 지극히 명확하고 구체적인 정의가 있습니다. 아이디어 분야의 고전인 『아이디어 생산법』의 저자 제임스 웹 영을 비롯하여 많은 전문가가 내리는 정의는 다음과 같습니다.

아이디어란 무엇인가?

그것은 '오래된 요소를 조합하거나 일부를 변경한 것'이다.

그렇습니다. '새로움'은 전혀 필요하지 않습니다.

우리 주위에 있는 훌륭한 제품이나 서비스를 분석해보면 쉽게 알아차릴 수 있습니다. 앞서 예로 든 아이폰은 '전화'와 '음악 재생', '카메라', '인터넷' 등을 조합한 것입니다. 세상을 변화시킨 획기적인 아이디어지만, 사실 새롭게 창조해낸 요소는 아무것도 없습니다.

이 책을 전자책으로 읽고 있는 독자도 있을 겁니다. 전자책 역시 책을 '종이'에서 '스크린'으로 옮겼을 뿐 새로운 요소는 없습니다. 리더기에 들어 있는 '책갈피 기능'이나 '하이라이트 기능'도 종이책에서 가능한 것들의 모방입니다.

그럼 다른 제품이나 서비스는 어떨까요?

- 아이로봇(NASA와 군사 산업을 위한 로봇을 만들던 회사-옮긴이)의 로봇청소기 룸바는 '청소기'와 '우주탐사 로봇'
- 넷플릭스는 '비디오 대여 서비스'와 '인터넷'
- 「스타워즈」는 '공상 과학 영화'와 '신화'

획기적이고 신선하다고 평가받아 온 것들조차 사실은 **오래된 요소를 조합하거나 일부를 변경한 것일 뿐**이라는 사실을 알 수 있습니다.

'0→1'이 아니라 '1×1'

아이디어의 본질이 무엇인지를 보여주는 예로써 영화 「2001 스페이스 오디세이」의 제작 당시 에피소드를 소개하겠습니다.

감독인 스탠리 큐브릭과 원작자인 아서 C. 클라크는 당초 '인류를 진화시킨 우주인'을 영상화하려고 했습니다. 신과 같은 능력을 지닌 우주인이라는 설정이므로 '인간이 본 적 없는 모습'이어야 했습니다. 그렇게 우주인을 디자인하기 시작했지만 아무리 머리를 맞대고 생각해도 '본 적 없는 모습'을 형상화하는 것은 불가능했습니다. 파충류 같기도 하고 해골 같기도 한 기존 이미지에서 한 발자국도 벗어날 수 없었던 겁니다. 고민 끝에 '피에로처럼 생긴 우주인'이라는 아이디어까지 나왔다고 합니다.

그래도 결국에는 '본적 없는 것은 그려낼 수가 없다'라는 결론에 도달했고, 그렇게 탄생한 것이 그 유명한 '모노리스', 즉 도미노 같이 생긴 직육면체 디자인입니다.

그런데도 「2001 스페이스 오디세이」는 신선한 영화라고 극찬받았습니다. '직육면체' 자체는 누구나 알고 있지만, 그것으로 '우주인'을 표현한 영화는 과거에 없었기 때문입니다.

역사에 남을 천재 크리에이터 스탠리 큐브릭과 아서 C. 클라크조차 '새로운 것'을 만들어낼 수는 없었습니다. 하물며 우리 같은 평범한 사람들이 가능할 리가 없습니다. 애초에 인간에게는 새로운 것을 만들어내는 능력이 없다는 이야기입니다.

편집자이자 작가, 만화가로 잘 알려진 다케쿠마 겐타로는 "만약 자신이 완전히 새로운 것을 생각해냈다면, 생각해낸 본인 이외에는 그 누구도 이해할 수 없는 것일 것"이라고 지적합니다. 영화뿐만이 아니라 비즈니스에서도 마찬가지입니다. '새로운 것'은 중요하지 않습니다.

인터넷상에서 소비자끼리 중고품을 매매한다는 아이디어를 일본 최초로 보급한 곳은 '야후오쿠!'입니다. 하지만 지금은 후발 업체인 '메루카리'가 '야후오쿠!'를 뛰어넘어 승승장구하고 있습니다. 엔터테인먼트 업계도 그렇습니다. 여러 명의 히어로가 모인 팀을 처음 세상에 내놓은 곳은 DC 코믹스였지만, 실사 영화화하여 큰 인기를 끈 것은 마블이었습니다.

그 밖에 창시자가 아니어도 성공한 사례는 많습니다. 세상은 '새로운 것'에 지나치게 혈안이 되어 있습니다. 이러한 사실을 깨닫고 나면 중압감을 털어내고 아이디어를 낼 수 있게 되지 않을까요?

오해 ③

아이디어란
즉흥적인 착상이나
번뜩임이다

'아이디어를 떠올리고 있는 사람의 모습을 그려보라.'

당신이라면 어떤 모습을 그리겠습니까? 팔짱을 낀 채 고개를 끄덕이는 모습인가요? 아니면 머리 위에 반짝이는 전구를 그리고, "이거야!"라며 주먹을 불끈 쥔 모습인가요?

안타깝게도 그런 모습으로 몇 시간을 고민해봐야 아무것도 떠오르지 않습니다. 아이디어는 마냥 기다린다고 어딘가에서 툭 떨어지는 것이 아닙니다.

그렇다면 어떻게 해야 떠올릴 수 있을까요? 답은 간단합니다. '쓰기'입니다. 메모장이든 아이폰이든 뭐든지 좋습니다. 여하튼 활자화합니다. 그래야 비로소 생각하고 궁리하는 '사고'가 형태가 됩니다. 팔은 팔짱을 끼라고 있는 것이 아닙니다. 쓰기 위해 있는 겁니다.

유치원이나 어린이집 선생님은 아이들이 '손을 사용하여 놀도록' 지도합니다. 손을 사용하는 것이 생각하는 것에 직결되기 때문입니다. 그러고 보면 블록이나 퍼즐 같은 교육용 장난감은 손을 사용해야 하는 것이 대부분입니다. 아이들이 많이 배우는 피아노나 주산 등도 같은 맥락입니다.

몸을 움직이는 일은 곧 두뇌를 움직이는 일

지극히 개인적인 의견이지만, 사고는 두뇌만이 아니라 몸 전체를 쓰는 행위라고 생각합니다. 지금껏 만난 훌륭한 크리에이터 가운데에는 검술이나 배드민턴 등 몸을 움직이는 취미를 가진 사람이 많았습니다. 그들은 하나같이 "몸을 움직이면 생각이 정리된다"라고 입을 모읍니다(이 점에 있어서 운동을 싫어하는 저는 깊이 반성하고 있습니다…).

운동이 기억력과 사고력을 높여준다는 사실은 많은 연구를 통해 밝혀진 바 있습니다. 캐나다 브리티시컬럼비아대학교 연구에 따르면, 정기적인 유산소 운동은 언어 기억이나 학습에 관련하는 두뇌 영역을 키우는 데 도움이 된다고 합니다.

검술까지는 아니더라도 '쓰기' 역시 엄연한 신체적 활동입니다. 팔짱을 끼고 괴로워하는 것은 '고뇌'일 수 있지만 '생각'은 아닙니다. 활자화하는 과정에서 사고는 더 깊이 있고 폭넓어지며, 논리가 생겨납니다. 글로 옮겨쓰고 난 뒤에 비로소 깨달음을 얻게 되는 경험은 누구나 한 번쯤 있을 겁니다.

중요한 것은 '좋은 아이디어가 떠오르면 쓴다'가 아니라 '머릿속에 떠오른 것은 뭐든지 쓴다'입니다. 다시 한번 말하지만 아웃풋에 퀄리티는 중요하지 않습니다. 일본 속담에 "총 솜씨가 서툴러도 여러 번 쏘면

한 방은 맞는다"라는 말이 있습니다. 적을 명중시키고 싶다면 무엇보다 '쏘는' 일이 먼저입니다. 표적을 정해만 둬서는 시간이 아무리 흘러도 결과를 낼 수 없습니다.

'그렇다고 무턱대고 총을 쏘아대면 어떤 탄환이 명중했는지 알 수 없지 않은가?'라는 의문이 생길지도 모릅니다. 그러나 걱정하지 않아도 됩니다. 마구 쏘아댄 탄환 가운데 '오! 이거다'라는 것을 골라내는 방법은 4장에서 소개하겠습니다. 일단 '반드시 명중시키고 말겠다'라는 마음은 내려놓길 바랍니다.

오해 ④

아이디어는
주관적인 기준으로
판단한다

'이 노래는 정말 별로인데 인기가 많네. 사람들이 참 센스가 없어.'

'요즘 방송에는 재미없는 코미디언들만 나온다니깐.'

혹시 이렇게 생각한 적 없나요? 본인 마음에 들지 않는 대상이 높은 평가를 받고 있으면, 기분이 좋지만은 않습니다. 하지만 세상은 나를 중심으로 돌아가지 않습니다. 나에게 아무리 재미없고 따분한 것이라도 인기를 끌고 있다면 거기에는 무언가 '좋은 점'이 있기 마련입니다.

당연한 이야기지만, 일부러 의식하지 않으면 인간은 어느새 자기 주관을 절대시하게 됩니다. 과거의 저도 그랬습니다.

"상사가 내 의견은 기각하면서 동기 A의 의견은 채용한다. 이건 분명한 편애다!"

"B의 기획은 전혀 재미가 없다. 과거 사례를 가져다 썼을 뿐 새로운 게 하나도 없다. 내가 낸 아이디어가 훨씬 참신하다!"

이런 식으로 항상 불만에 가득 차 있었습니다. 높이 평가받은 대상을 헐뜯으면서 평가받지 못한 자신의 프라이드를 지키는, 어느 회사에나 한 명쯤 있을 법한 삐뚤어진 신입이었습니다(하하).

지금 생각해보면 그 당시 저는 주관적인 '좋고 싫음'과 업무상의 '좋고 나쁨'을 혼동하고 있었습니다. 광고뿐만 아니라 뭐가 되었든 세상 사람들에게 높은 평가를 받고 있다면, 설령 내가 '싫어하는'

것이라고 해도 거기에는 반드시 '좋은' 요소가 있습니다.

아이디어는 주관적인 기준으로 정해선 안 됩니다. '좋고 나쁨'에는 명확하고 객관적인 기준이 있습니다. 이 점을 깨닫지 못하면 절대 좋은 아이디어를 낼 수 없습니다.

'좋고 싫음' 그 자체는 아무 문제가 없습니다. 오히려 개인의 개성이며 존중받아야 할 부분입니다. 하지만 아이디어를 평가할 때는 일단 '좋고 싫음'은 덮어두고 '좋고 나쁨'을 기준으로 판단해야 합니다.

삐뚤어진 신입이었던 제가 이 사실을 깨닫게 된 것은 4년 차에 접어들 무렵이었습니다. 당시 한 선배로부터 카피를 판단하는 기준에 대해 배울 기회가 있었습니다.

회의실에서 제가 쓴 카피를 쭉 훑어보던 선배가 "하시구치, 좋은 카피라는 건 말이지…"라며 말을 꺼낸 그 순간을 지금도 생생하게 기억합니다. 듣고 보니 '정말 그렇구나!' 싶었습니다. 저는 마치 복잡한 미로를 빠져나와 파란 하늘을 올려다본 듯한 기분이 들었습니다.

제가 광고업계의 등용문이라고 불리는 도쿄 카피라이터즈 클럽 신인상을 받은 것은 선배의 이야기를 듣고 난 직후였습니다. 지금까지 몇몇 히트작을 만들어낼 수 있었던 것도 모두 이러한 경험이 있었기 때문이라고 생각합니다.

여기까지 읽고, '그래서 좋은 아이디어란 대체 무엇이란 말인가!'

라며 조바심을 느끼는 사람이 있을지도 모릅니다. 하지만 그에 대해서는 4장에서 설명할 테니 조금만 기다려주길 바랍니다. 다음은 지금까지의 내용을 정리한 것입니다.

✖ 좋은 아이디어 100개를 생각해낼 필요는 없다

그런 천재는 세상 어디에도 없다. 99개 속에 좋은 아이디어 하나가 들어 있으면 된다.

✖ 독창성은 없어도 괜찮다

아이디어란 오래된 요소를 조합하거나 일부를 변경한 것이다. 새로움이나 독창성은 전혀 필요하지 않다.

✖ 아무튼 쓴다

스마트폰이든 메모장이든 어디라도 좋으니 평소 머릿속에 떠오른 것을 모두 활자화한다. MTV 성공을 이끈 전설적인 아트디렉터 조지 로이스도 "무엇이 되었든 글로 써라"라고 말했다.

✖ 아이디어는 주관적인 것이 아니다

좋은 아이디어와 나쁜 아이디어를 판단하는 데는 명확하고 객관적인 기준이 있다. 주관적인 '좋고 싫음'으로 판단해서는 안 된다.

생각을 구체화하는 3단계

이제부터 본격적으로 아이디어 발상에 관해 이야기하겠습니다.

　'재미없어도 괜찮으니까 일단 쓰면 되는 거 아닌가?'

　맞습니다. 지금까지 그렇게 설명해왔습니다. 하지만 종이에 대고 무작정 써 내려가는 방법으로 아이디어 100개를 채우기는 어렵습니다. 20~30개 정도 쓰면 숨이 턱턱 막혀올 겁니다. 그저 써 내려가는 방법만으로는 '아이디어의 벽'을 뛰어넘지 못합니다.

　그렇다면 어떻게 해야 할까요? 이때는 단계를 밟을 필요가 있습니다. 구체적으로 말하면 다음의 3단계에 따라 작업을 해나가는 것이 중요합니다.

　① 인풋
　② 아이디어 발상
　③ 아이디어 선택

　아이디어 100개 내기가 어려운 이유는 대부분 '① 인풋'을 건너뛰고 갑자기 '② 아이디어 발상'에 손을 뻗기 때문입니다. 개인의 머릿속에 있는 것은 아무래도 한계가 있습니다. 일단은 외부로부터 인풋이 필요합니다.

게다가 애써 100개를 생각해냈어도 그 가운데 좋은 아이디어를 골라내지 못하면 아무런 의미가 없습니다. 만화나 드라마에서처럼 '이거다!'라며 만장일치로 최고의 아이디어가 선택되는 일은 거의 없습니다. 좋은 아이디어와 그렇지 않은 아이디어는 의외로 구별해내기가 어렵습니다. 따라서 '③ 아이디어 선택법'을 알아둘 필요가 있습니다.

그럼 순서대로 살펴보겠습니다.

① 인풋

『아이디어 생산법』의 저자 제임스 웹 영은 "광고인은 소와 같다. 먹지 않으면 우유가 나오지 않는다"라고 썼습니다. 일부러 책에 쓸 정도라니, 광고인은 물론 대부분이 절식 상태로 특등급 우유를 만들어내려 한다는 이야기입니다. 앞서 말했듯 아이디어란 **오래된 요소를 조합하거나 일부를 변경한 것**입니다. 바탕이 되는 오래된 요소가 없으면 조합하거나 변경할 수 없습니다.

인풋이라고 해서 거창하게 준비할 것은 없습니다. 수면시간을 쪼개서 책을 읽거나 여기저기 공부 모임에 나갈 필요도 없습니다. 이 책에서는 아무리 바쁜 사람이라도 쉽게 실천할 수 있는 인풋 방법을 소개합니다.

인풋을 어떻게 일상화할지 고민하는 사람도 많을 겁니다. 공부법에 관한 책은 쏟아져 나오고, 그 내용을 기억하는 것만으로도 버겁습니다. 하지만 걱정할 필요는 없습니다. 인풋을 일상화하는 데 특별한 규칙은 필요하지 않습니다. 자세한 내용은 2장에서 설명하겠습니다.

② 아이디어 발상

아이디어 발상에 대한 니즈가 많은 만큼 서점의 비즈니스 코너에는 수많은 전문서가 놓여 있습니다. KJ법, 만다라트, 마인드맵 등 기법도 각양각색입니다. 아이디어 발상을 위한 스마트폰 애플리케이션도 정말 많습니다.

저도 시험 삼아 이것저것 도전해봤지만 무엇 하나 오래가지 않았습니다. 처음에는 효과가 있다고 느껴져도 금세 질리고 귀찮아지면서 중도 포기하고 말았습니다. 그래서 '**특별한 용지나 복잡한 규칙, 애플리케이션 등을 사용하는 방법은 오래가지 못한다**'는 것이 제가 내린 결론입니다. 아무리 그 방식이 멋져 보여도 말입니다.

이 세상 어딘가에는 앞에서 언급한 방식이 잘 맞는 사람도 있을 겁니다. 하지만 적어도 저같이 게으른 사람에게는 맞지 않았습니다. 사실 **특수한 메모나 도표를 사용하여 아웃풋을 하는 사람**을 저는 지금껏 한 명도 본 적이 없습니다. 여러분 주위에는 있습니까?

이 책에서는 저같이 게으른 사람을 위해 제가 실제로 업무에서 사용하고 있는 그저 '쓰기'만 하면 되는 방법을 소개합니다. 무언가를 사거나 순서를 외울 필요도 없습니다. 그 누구라도 실천할 수 있습니다.

③ 아이디어 선택

누구든지 아이디어 100개를 생각해내면 그 가운데 반드시 좋은 아이디어 하나쯤은 들어 있습니다. 제 경험상 이것은 보증할 수 있습니다. 하지만 여기서부터가 문제입니다. 100개 가운데 단 하나의 아이디어를 골라내기는 의외로 어려운 일입니다.

- '이거다!' 싶은 아이디어를 회의에서 선보였지만, 모두가 고개를 갸웃거렸다.
- 다른 사람이 야심 차게 내놓은 아이디어를 나는 별로라고 느꼈다.

이런 경험은 누구나 있을 겁니다. 좋은 아이디어와 그렇지 않은 아이디어는 의외로 가려내기가 어렵습니다.

어느 날 서류를 정리하다가 신입 시절에 썼던 탈락 아이디어 뭉치를 발견했습니다. 하나같이 자신만만하게 써낸 작품들이었기 때문에 당시에는, '이게 왜 탈락했지?', '상사나 클라이언트나 보는 눈이 참 없다니깐' 하고 기분이 나빴던 기억이 납니다. 하지만 지금은 제가 봐도 서글플 정도로 재미없는 아이디어뿐입니다. 버려져도 마땅하다고 스스로 인정하고 말았습니다.

반면에 그다지 고민 없이 쓱쓱 써냈던 아이디어가 상사에게 좋은 평가를 받아 당황했던 적도 있습니다.

수많은 아이디어를 생각해내긴 했지만, 그 가운데 무엇이 좋은 아이디어인지 모를 때가 있습니다. 그건 참 괴로운 일입니다. 출구 없는 미로에 갇힌 듯한 기분이 들 겁니다. 저도 그 상태에서 벗어나는 데 꼬박 3~4년이 걸렸습니다.

이 책을 읽고 있는 여러분이 저와 같은 괴로움을 겪지 않았으면 좋겠습니다. 그래서 '인풋'과 '아이디어 발상'뿐만 아니라 '아이디어 선택'에 대해서도 자세히 이야기해보려고 합니다.

우선 아이디어를 고를 때 전제가 되는 '아이디어와 인격을 분리하는 일'에 관해서입니다.

일반적으로 동양인은 서양인에 비해 토론에 약하다고 알려져 있는데, 그 이유 중 하나로 '아이디어와 인격'을 동일시하는 경향을 꼽을 수 있습니다. 의견에 대한 비판을 인격 비판으로 받아들이곤 합니다. 그래서 사람들 앞에서 자기 의견 말하기를 꺼립니다. 조금 비판받았다고 "그럼 대안을 제시하라!"라며 감정적으로 대응하는 사람도 있으니 말입니다. 이래서는 좋은 아이디어를 가려낼 수가 없습니다.

어느 저명한 크리에이티브 디렉터는 카피를 지적할 때 "**당신은 좋은 카피라이터지만 이 카피는 전혀 좋지 않다**"고 말한다고 합니다. 이것이 바로 아이디어를 고를 때 기본이 되는 태도입니다.

인기 크리에이터의 아이디어는 좋고 신인이 낸 아이디어는 시시하다? 그렇지 않다는 건 모두가 알고 있습니다. 하지만 인격과 아이디어를 구분하지 못하는 사람은 종종 이런 판단을 합니다. 아이디어에는 나이도 성별도 인종도 아무런 상관이 없는데도 말입니다.

현대사회에서 차별은 옳지 않은 것으로 여깁니다. 그 이유가 단지 논리적으로 맞지 않기 때문만은 아닙니다. 아이디어 자체가 아니라 나이나 성별로 판단하게 되면 **적절하지 않은 아이디어가 채용될 수 있고, 결국 사회 전체에 손해를 입히기 때문**입니다. 예를 들어 '여성이 생각해낸 좋은 아이디어'가 아니라 '남성이 생각해낸 그저 그런 아이디어'가 채택된다면, 장기적으로 봤을 때 모두에게 손해입니다. 안타깝지만, 드물기는 해도 실제로 일어나고 있는 일입니다.

'아이디어와 인격'을 동일시하다 보면 '자신의 아이디어가 좋아 보이는 병'에 걸리기도 합니다. 고심 끝에 생각해낸 아이디어는 자식 같은 존재이므로 결점조차 귀여워 보이기 마련입니다. 타인의 아이디어와 비교해도 내용과 상관없이 자기 아이디어가 더 낫다는 생각이 드는 겁니다.

하지만 타인의 아이디어가 자신의 것보다 훌륭하다고 해도, 인격과는 아무런 관계가 없습니다. 다른 누군가가 당신보다 훌륭하다는 뜻이 절대 아닙니다. 누구의 아이디어든지 좋은 아이디어라면 주저 없이 인정해야 합니다.

'인격'을 분리하는 것은 아이디어뿐만 아니라 비즈니스적인 측면에서도 중요합니다.

> "당신은 좋은 프로그래머지만, 이 애플리케이션의 구조는 잘못된 것 같아요."
> "당신은 훌륭한 영업사원이지만, 이번 달 성적은 예상에 미치지 못했네요. 이유를 생각해보길 바랍니다."
> "그는 우수한 경리담당자지만, 이번에는 잘못된 판단을 내렸습니다."

이런 논의가 가능해지면 개인 혹은 조직 안에서 커뮤니케이션이 원활해지고 생산성이 높아집니다. 지금까지 설명한 아이디어 발상 3단계를 다음과 같이 정리해두었습니다. 대략적인 큰 그림이 그려졌으니 2장에서는 각 단계를 자세히 설명하겠습니다.

① 인풋

아이디어란 오래된 요소를 조합하거나 일부를 변경한 것이다. 따라서 오래된 요소의 인풋은 아이디어 발상을 위해 필수다.

② 아이디어 발상

아이디어 발상에 '질'은 의미가 없다. 필요한 것은 '양'이다. 처음부터 적어도 100개는 생각해낸다. 그 안에 반드시 좋은 아이디어가 섞여 있다. 변변찮은 아이디어도 못 내는 사람은 좋은 아이디어 역시 낼 수 없다는 점을 기억하라.

③ 아이디어 선택

'좋고 싫음'이 아니라 '좋고 나쁨'으로 판단한다. 아이디어와 인격을 분리하는 것도 중요하다. 그렇게 하면 비로소 100개의 아이디어 가운데 좋은 아이디어를 골라낼 수 있게 된다.

제 2 장

인풋을 일상화하는
6가지 방법

2

99%가 하지 않는 일

중요한 부분인 만큼 다시 한번 짚고 넘어가겠습니다. 아이디어란 오래된 요소를 조합하거나 일부를 변경한 것입니다. 우선 바탕이 되는 '오래된 요소'를 수집해야 합니다. 생각이 쉬이 막혀버리는 이유는 대부분 아무런 인풋이 없는 상태로 갑자기 아이디어를 내려고 하기 때문입니다.

하지만 아이러니하게도 인풋을 건너뛰는 사람일수록 '인풋을 해야 한다!'라며 조바심을 내는 경우가 많은 것 같습니다(조금 짓궂게 들릴지도 모르지만).

"이렇게 바쁜데 언제 인풋을 하나요?"

"인풋 하려면 어떤 책을 읽어야 할지 알려주세요!"

강연에 나가면 자주 듣는 질문입니다. 하지만 걱정하지 않아도 됩니다. 아무리 격무에 시달리는 사람이라도 인풋은 가능합니다. 잠자는 시간을 줄여서 일부러 독서 시간을 만들 필요는 없습니다. 왜냐하면 모든 시간이 인풋이기 때문입니다.

'인풋＝공부'가 아니다

어째서 이토록 인풋을 어려워할까? 그것은 '인풋'과 '공부'를 동일시한 나머지 책을 읽거나 세미나 등에 나가야 한다고 생각하는 사람이 많기 때문입니다.

바쁜 시기에 일부러 인풋을 위한 시간을 만들기란 쉬운 일이 아닙니다. 단시간에 어떻게든 욱여넣기 식으로 이런저런 다독법이나 속독법을 시도해보지만, 결국에는 좌절로 끝나고 말았던 경험이 누구에게나 있을 겁니다(저도 그중 한 명입니다).

정보를 수집할 때 우선은 '인풋＝공부'라는 선입견을 버려야 합니다. 공부는 인풋의 작은 일부일 뿐입니다. **학교를 졸업한 이상, 우리**

는 인풋이라는 개념을 넓게 해석해야 합니다.

일본의 유명한 검객 미야모토 무사시는 "나 자신 이외의 모두가 스승"이라는 말을 남겼습니다. 인간이든 사물이든 자신 이외의 모든 것이 스승이라는 의미입니다. 이 말이야말로 인풋의 본질을 보여줍니다. 그렇습니다, 눈에 보이는 모든 것이 곧 인풋인 겁니다.

- 프레젠테이션 후 '방향성은 OK'라고 에둘러 말하는, NO
- 이어폰을 끼고 있어도 개의치 않고 말을 걸어오는 백화점 점원
- 여행을 떠날 때 제1터미널인지 제2터미널인지 체크인하는 순간까지 헷갈리는 것
- 내가 잠시 눈을 뗀 그 순간 골이 들어간 축구 경기

결국 모든 것은 귀중한 배움이며 아이디어 발상에 도움이 됩니다. 그렇다고 해서 '그럼 책은 안 읽어도 되겠군!' 하고 긴장감 없이 그저 평소처럼 생활해서는 안 됩니다.

지금부터 모든 시간을 인풋으로 바꾸는 방법을 소개합니다.

관찰, 관찰, 관찰

회의 전에 나눈 잡담, 친구에게 온 문자 메시지, 지하철역에서 본 간판 등 아이디어 재료는 사방에 널려 있습니다. 사소할지라도 자기 자신이 직접 보고 듣고 느낀 것입니다. 만난 적도 없는 타인이 쓴 비즈니스 서적보다 아이디어로 발전될 가능성이 훨씬 큽니다.

아이디어의 재료를 놓치지 않으려면 평소에 '관찰'하는 습관을 들여야 합니다. 관찰하는 순간 평범했던 풍경이 인풋으로 바뀝니다. 아무리 바빠도 이 방법은 바로 실천할 수 있습니다.

하지만 관찰은 의외로 어려운 일입니다. 저는 첫아이가 태어나고 나서야 주위에 유모차와 유아용 의자를 장착한 자전거가 많다는 사실을 깨닫고, 무척이나 놀랐던 경험이 있습니다. 달리 말하면 그전까지는 제 눈에 보이지 않았던 것입니다. 일부러 의식하지 않으면 정보의 대부분은 뇌를 지나쳐버립니다.

막연하게 '관찰하자'가 아니라, '○○을 관찰하자'라고 구체적으로 의식할 필요가 있습니다. 카피라이터인 저는 글자에 주목하여 세상을 관찰하는 편입니다. 소셜미디어 포스팅, 친구나 가족의 대수롭지 않은 말 한마디, 지하철이나 버스에 걸린 광고나 간판에 적힌 글자 등 우리 주위에는 재미있는 말들이 차고 넘칩니다.

제가 담당했던 프로젝트 가운데 구체적인 사례를 들어보겠습니다. 롯데 가나초콜릿 로스트 밀크맛의 "비겁한 노랑"이라는 카피입니다.

가나초콜릿은 1964년 발매된 이래 지금까지도 인기를 끌고 있는 스테디셀러 상품입니다. 누구나 한 번쯤은 먹어 본 적이 있을 겁니다. 일본인에게 친숙한 빨간색 패키지는 밀크맛입니다. 반면에 예로 든 노란색 패키지는 로스트 밀크맛입니다. 부드럽고 고소한 밀크향이 입안에 퍼지는 무척 맛있는 초콜릿입니다. 하지만 광고에서 그렇게 설명했다가는 광고주의 일방적인 메시지로 전달될 뿐입니다. 광고를 보는 소비자들에게 '맛있어 보인다'라는 공감을 끌어내기가 어렵습니다.

그래서 "비겁한 노랑"이라는 카피를 썼습니다. 자기도 모르게 "비겁해(우리나라에서 "이렇게 맛있으면 반칙이지!"라고 표현하는 것과 비슷-편집자)"라는 말이 나올 정도로 맛있다는 뜻입니다. 상품의 특징

甘さと香ばしさ。ミルク楽しむ。

LOTTE

Ghana

Roast Milk

焦がしミルク

비겁한 노랑

롯데

가나초콜릿 로스트 밀크맛 광고

"맛있다" 라는 일방적인 메시지보다
"이건 비겁하다" 라는 생생한 표현이
상대가 공감하기 쉽다.

을 있는 그대로 전달하는 것보다 리얼리티와 생동감이 높아지리라 예상했습니다.

텔레비전 광고에서는 초콜릿을 한 입 베어 물고 자기도 모르게 "이건 비겁해~"라고 내뱉는 배우의 모습을 선보였습니다. 그리고 트위터에서 '#비겁한 노랑'이라는 해시태그를 이용한 캠페인을 펼쳤습니다. 그 결과 광고가 큰 화제를 모았고, '#비겁한 노랑'도 널리 확산되었습니다. 물론 제품도 많이 팔렸습니다.

사실 "비겁한 노랑"이라는 카피는 어느 페이스북 포스팅에서 힌트를 얻어서 썼습니다. 여러분의 페이스북 타임라인에도 친구나 지인이 올린 음식 포스팅이 많을 겁니다. 맛있는 음식을 먹거나 예약조차 어려운 인기 레스토랑에 다녀오면 모두에게 보여주고 싶어집니다. 저도 이런 식의 자랑을 그다지 좋아하는 편은 아니지만, 왜인지 싫어하는 것일수록 무의식중에 더 들여다보게 됩니다.

'다들 참 즐거워 보이네'라고 생각하며 무심히 보다가, 문득 사람들이 맛있는 것을 먹었을 때 의외로 "맛있다"라고 말하지 않는다는 사실을 깨달았습니다. 특히 '성게를 얹은 소고기' 같은 메뉴에는 '반칙이다', '이건 비겁하다'라는 코멘트가 달렸습니다. '비겁하다'라는 말이 소고기와 성게, 즉 '맛있는 것+맛있는 것'이라는 조합을 절묘하게 표현하고 있었습니다.

마찬가지로 그냥 먹어도 맛있는 '밀크맛'을 '로스트'해서 더 고

소하게 만들었다. 이것은 '성게를 얹은 소고기'와 맥락을 같이하는, 틀림없이 맛있어지는 방법입니다. 그것을 가나초콜릿 카페에 적용해보니 찰떡같이 맞아떨어졌던 겁니다.

어째서 음식 포스팅에 달린 '이건 비겁하다'라는 코멘트가 제 눈길을 끌었을까요? 그것은 '분명히 많은 사람이 나와 같은 기분을 느꼈을 것'이라고 생각했기 때문입니다.

음식 사진이나 귀여운 고양이 동영상, 미남미녀 연예인 사진 등은 너무나도 뻔하지만, 그걸 알면서도 감정이 움직이게 됩니다. 그 순간 '이건 비겁하다!'라고 느끼는 것입니다. 그리고 모두가 여기에 공감하기를 바라는 마음으로 페이스북에 포스팅을 합니다. 이것은 비단 저뿐만이 아니라 누구에게나 공통된 '보편적인 기분'이라고 생각했습니다.

광고 카피 전문서 몇 권 읽었다고 '비겁한 노랑'을 쓰지는 못했을 겁니다. 이 프로젝트는 저에게 '관찰'의 중요성을 재인식하는 계기가 되었습니다. 수준 높은 명언만 일에 도움이 되는 것은 아닙니다. 친구가 올린 포스팅도 '인풋'이 될 수 있습니다. 저는 카피라이터이므로 '말'을 관찰하고 있지만, 이외에도 무수히 많은 선택지가 있습니다. 각자 자신에게 맞는 것을 찾으면 됩니다.

가토 마사하루가 쓴 아이디어 책 『생각의 도구』에는 **컬러 배스**라는 관찰법이 나옵니다. 방법은 간단합니다. '색깔'을 하나 정해서 풍

컬러 배스 방법대로 '색깔'을 찾아본다

단풍잎이
빨갛게
물들었다

버스에
빨간색이
있다

그러고 보니
음식점 간판에도

소셜미디어

트랜드

친구의 포스팅

해시태그

이번 주 테마

CURRY

향신료는?

카레의 역사는?

점심에는 카레 맛집 탐방

재료의 조합?

경을 바라보면 됩니다. 가령 색깔을 '노랑'으로 정하고 동네를 거닐어봅니다. 신호등의 노란불, 초등학생 아이가 맨 노란색 책가방, 자판기 속 주스 등 그동안 눈에 띄지 않았던 다양한 노랑을 발견할 수 있습니다.

어쩌면 새삼 옆집 화단에 예쁜 팬지가 피어있다는 사실을 알아차리게 될지도 모릅니다. 그렇게 일뿐만 아니라 일상생활에도 여유가 생길 수 있습니다.

기간을 정해서 '이번 주 테마는 ○○'으로 설정해두어도 좋습니다. 제 지인은 일주일 동안 매일 점심으로 카레를 먹기로 정하고는 근처 카레 전문점을 검색했습니다. 카레는 정통 인도풍 카레, 일본 소바 가게의 카레, 전혀 유럽 같지 않은 유럽풍 카레 등 종류가 다양합니다. 검색하는 동안 카레의 역사와 향신료 종류에 대해서도 알게 되었다고 합니다. 전에는 뭘 먹어도 '맛있다' 정도의 감상에 그쳤었지만, 이제는 음식을 즐기는 폭이 넓어졌다고 합니다.

당연한 것은 없다

관찰력을 기르기 위해서는 중요한 것이 하나 더 있습니다. 무의식 중에 느끼는 '당연함'을 의심하는 것입니다.

- 여자는 달콤한 술을 좋아한다
- 남자는 지도를 잘 읽는다
- 사계절은 일본에만 있다
- 결혼하면 아이를 낳는 것이 도리다

여기에 자기도 모르게 '그래, 그렇지!'라고 공감하고 있다면 주의가 필요합니다. 조금만 생각해보면 곧 당연한 일이 아니라는 사실을 알 수 있습니다. 분명 당신 주변에도 술이 센 여자나 방향감각이 없는 남자 한두 명쯤은 있을 겁니다. 일본인이 갖는 사계절에 대한 자부심은 종종 외국인들의 웃음거리가 되곤 합니다. 마지막 예는 그야말로 시대에 맞지 않는 말입니다.

사회적으로 무심코 당연하다고 여겨지는 것에 대해 '정말일까?'라고 의심하는 것은 번거롭고 힘든 작업입니다. 그렇기 때문에 그만큼 더 큰 깨달음을 얻을 수 있습니다.

'여자는 달콤한 술을 좋아한다니, 정말일까?'라고 느꼈다면 술이 센 여성을 위한 신상품 개발 아이디어를 낼 수 있습니다. 페미니스트 활동가 이시카와 유미는 "여성만 직장에서 하이힐을 강요받는 것은 말이 안 된다"라며 쿠투(#KuToo)라는 운동을 시작했고, 일본뿐만 아니라 세계적으로 큰 반향을 일으켰습니다.

'정말 그런가?'라고 되묻는다

  당연함을 의심하는 데 도움이 되는 편리한 말을 하나 소개하겠습니다.

○○, 정말 그런가?

앞서 말한 예문에 대입해봅시다.

- 여자는 달콤한 술을 좋아한다, 정말 그런가?
- 남자는 지도를 잘 읽는다, 정말 그런가?
- 사계절은 일본에만 있다, 정말 그런가?
- 결혼하면 아이를 낳는 것이 도리다, 정말 그런가?

  '정말 그런가?'라고 되묻는 것은 사회가 강요하는 '당연함'을 의심하는 계기가 됩니다. '당연함'의 이면에는 종종 '그렇지만은 않다'라고 **생각하는 사람들이 있습니다.** 그들이 그런 생각을 무심히 흘려보내지 않고 잘 잡아냈을 때, 엄청난 히트작이 탄생하기도 합니다.

  일본 철도회사 도카이여객철도가 실시했던 "일본을 멈추자"라는 광고 캠페인이 그렇습니다.

일본 버블이 붕괴하기 직전인 1990년입니다. "24시간 싸울 수 있습니까"라는 에너지 드링크의 캐치프레이즈가 유행하는 등 맹렬하게 일하는 것이 미덕으로 여겨지던 시절이었습니다.

그런데 도카이여객철도는 "일본을 멈추자"라는 캐치프레이즈를 내걸고 여유롭게 지방 곳곳을 여행하자고 제안했습니다. 가수 하라 유코의 「꽃피는 여행길」이 배경음악으로 흐르면서 아름다운 전원 풍경이 펼쳐지는 광고가 큰 인기를 끌었습니다.

"일본을 멈추자"라는 카피가 나온 배경에는 '24시간 싸울 수 있다, 정말 그럴까?'라는 의문이 있었습니다.

- 일이 최고, 근면·성실이 최고, 돈이 최고… 이대로 괜찮은가?
- 우리는 슈퍼맨이 아니다. 24시간 싸울 수는 없다.

카피라이터는 당시 일본 사회의 당연함에 의문을 품고 카피를 썼을 겁니다. 여기에 마음속으로 '더는 못하겠다' '어딘가로 떠나서 쉬고 싶다'라고 생각하던 사람들의 공감이 이어지며 큰 반향을 일으킨 것입니다.

어린아이의 시선으로 세상을 바라본다

흔히 어린아이는 관찰의 달인이라고 이야기합니다. '당연함'이 존재하지 않는 아이들은 모든 것에 의문을 품습니다.

- 왜 지붕에 안테나가 붙어 있어?
- 왜 수영장에서 나오면 슬픈 기분이 들지?
- 왜 달님은 자꾸 날 따라와?

누구나 어린 시절에는 신기하게 여겼던 것을 어느새 '당연하게' 받아들입니다. 큰 프로젝트를 해낸 사람은 성장한 뒤에도 의문 품기를 게을리하지 않습니다. 뉴턴은 '**사과는 나무에서 떨어지는데, 왜 달은 떨어지지 않는가?**'라는 의문을 계기로 만유인력을 발견했습니다.

언젠가 집에서 온라인 회의를 하고 있었는데, 옆에서 모니터를 보던 아이가 "왜 아저씨들밖에 없어?"라고 물었습니다. '그러고 보니 그렇네'라고 고개를 끄덕이는 동시에, 아무런 의문도 품지 못한 자신이 부끄러워졌습니다.

당시 회의의 의제는 특별히 남성을 대상으로 하는 상품이나 서비스가 아니었습니다. 만약 제가 그 사실을 깨닫고 있었더라면, "회의에 남자밖에 없는 건 부자연스럽네요. 다음에는 ○○ 씨도 부를까요?"라고 제안할 수 있었을지도 모릅니다.

흔치 않은 것이나 신기한 것을 인풋하려고 애쓸 필요는 없습니다. 일부러 여행을 떠나거나 누군가를 만나러 갈 필요도 없습니다. 자신의 반경 50m 정도 되는 범위 안에, 오히려 너무나도 당연해서 놓치고 있는 곳이야말로 힌트가 숨어 있습니다.

'정말 그럴까?'라고 되물어보거나 '어린아이 시선'으로 바라봅시다. 이렇게 각자 나름의 방법으로 '당연함'을 찾아보길 바랍니다.

내 주변의 '당연함'을 찾아본다

직장에서는 주로 '수고 많으십니다' 라고 인사한다

'안녕하세요' 라고 인사하면
분위기가 더 부드러워지지 않을까?

만원 지하철을 타고 회사에 간다

신종 코로나 바이러스가 종식해도
필요할 때만 회사에 나가면 된다.

여름 휴가철의 교통 체증

모두가 같은 시기에 휴가를 쓰는 것은 이상하지 않은가?
다른 나라에서는 휴일이 적은 대신 자신이 원하는 시기에 쉴 수 있다.

술집에서는 우선 술부터 주문해야 한다

술로 이익을 내는 비즈니스 모델은
술을 마시지 않는 사람에게는 공평하지 않다.

결혼하면 아내는 남편의 성을 따른다

부부동성은 선진국 가운데 일본뿐이다.
여론조사에서도 7할이 선택적 부부별성에 찬성하고 있다.

각성제나 대마에 의존하는 사람은 범죄자다

'질병' 으로서 치료하는 것이
세계적인 추세다.

트위터에 메모한다

'당연함'을 의심하는 습관이 생기면 지금껏 일상 속에서 많은 것을 놓치고 있었다는 사실을 깨닫게 됩니다.

- 옆집은 화단에 팬지를 많이 심었다.
- 회의실에는 지정석이 있는 것도 아닌데 모두가 매번 똑같은 자리에 앉는다.
- 열 명 중 한 명은 마스크를 거꾸로 쓰고 있다.

사소하다고 생각될지 모르지만, 의외로 언젠가, 어딘가에서 도움이 될 수도 있습니다. 이렇게 떠오른 생각들은 반드시 활자화해두도록 합니다.

인간의 두뇌는 컴퓨터의 하드디스크와 다릅니다. '재밌다'고 느낀 것이 있어도 애매한 상태로 두면 금세 기억에서 사라져버리고 맙니다. 관찰해서 발견한 것은 활자화해야 확실하게 정착되고, 업무에 활용할 수 있는 인풋이 됩니다.

활자화를 통해 새로운 깨달음을 얻기도 합니다. 예를 들어 '열 명 중 한 명은 마스크를 거꾸로 쓰고 있다'는 사실을 깨닫고 메모했다고 합시다. 메모를 들여다보다가 문득, '겉으로는 태가 잘 나지 않아도 마스크의 겉과 속을 뒤집어서 쓰는 사람도 많겠구나'라고 생각이 확장됩니다. 특히 우레탄 재질의 마스크는 로고나 글자가 인쇄되어 있지 않으면 위아래 혹은 겉과 속을 구별하기 어렵습니다. 이런 생각을 하는 동안에 마스크의 신상품 아이디어가 나올지도 모릅니다.

메모가 중요하다는 사실은 새삼스레 강조할 필요가 없을 정도로 상식입니다. 실제로 서점에는 메모 노하우를 담은 책이 많이 나와 있습니다. 하지만 메모 관련 서적이 잇달아 출간되고 있다는 것은, 곧 메모의 습관화가 그만큼 어렵다는 것을 방증합니다.

애초에 메모장과 펜을 휴대하는 것은 번거로운 일입니다. 택시나 지하철 안에서 메모를 하려고 가방에 손을 넣었는데 도무지 찾을 수가 없다. 겨우 찾아냈을 때는 이미 무엇을 메모하려고 했는지 기억이 나지 않는다. 요령이 없고 정리정돈에 약한 저는 항상 이렇습니다.

비즈니스를 위한 메모 쓰는 법이나 메모장 관리 방법을 알려주는 책도 나와 있지만, 정작 실천하고 있는 사람이 얼마나 되는지는 의문입니다. 언제 어디서나 메모를 한다며 '메모의 신'임을 자처하는 지인이 있는데, 그가 그 자리에서 메모장을 꺼내 쓰는 순간을 저는 지금까지 한 번도 본 적이 없습니다(하하).

여기서 **추천하고 싶은 것이 트위터입니다.** 일상을 관찰하다가 발견한 재미있는 사건을 트위터에 쓰는 겁니다. 항상 손에 쥐고 있는 스마트폰이라면 메모장처럼 일부러 챙겨야 하는 수고로움도 덜 수 있습니다. 만원 지하철이든 식사 중이든 무언가 떠오른 순간 그 자리에서 활자화할 수 있습니다.

트위터의 장점은 문자를 140자 이내로 써야 한다는 점에 있습니다. 두서없이 쓰다 보면 금세 문자 수 제한에 걸리므로 고심해서 단문으로 써야 합니다. 게다가 팔로워들이 내용을 파악하기 쉽게 쓸 필요도 있습니다. 이 과정에서 생각을 분석하게 되므로 더욱 깊이 있는 인풋이 가능해집니다.

트위터는 메모장과 달리 리트윗 등의 반응이 있는 만큼 재미있게 지속할 수 있다는 것도 포인트입니다. 운이 좋으면 인터넷상에서 큰 화제가 되기도 합니다. 제가 경험한 사례를 하나 소개하겠습니다.

일본에서 오래 생활한 영국인 지인과 이야기를 나누던 때의 일

橋口幸生@コピーライター
@yukio8494

···

일본에 사는 영국인 친구에게 "롤링스톤즈의「Jumping Jack Flash」
가 무슨 뜻이냐?" 고 물었더니, "나도 모르지. 왜 일본인들은 가사의 의
미를 하나하나 신경 쓰는 거야?「춤추는 폼포코린」도 의미 따윈 없잖
아?"라는 대답에 반론할 수 없었다.

오전 9:21 · 2018년 2월 14일 · Twitter Web Client

입니다. 공통 관심사가 음악이었기 때문에 제가 "롤링 스톤즈 노래
중에「점핑 잭 플래시(Jumping Jack Flash)」라는 노래가 있잖아. 이
게 무슨 뜻이야?"라고 물었습니다.

그러자 그는 이렇게 답했습니다.

"이 질문을 자주 듣는데, 참 재밌어. 왜 일본인들은 가사의 의미
를 하나하나 신경 쓰는 거야? 영국에서는 아무도 그런 생각을 안
하는 데다가 신경조차 쓰지 않는데. 일본인들도「춤추는 폼포코린
(おどるポンポコリン, 일본 인기 만화『마루코는 아홉살』엔딩곡−옮긴이)」이
무슨 뜻인지 생각하지 않잖아?"

이 말을 듣고 단번에 이해가 되는 나머지 박장대소하고 말았습니
다. 그리고 이걸 트위터에 올렸습니다.

그 결과 '리트윗 2.2만, 마음에 들어요 3.5만'을 기록하면서, 제 사적인 활동 중 처음으로 큰 화제를 불러일으킨 사건이 되었습니다. 알람이 쉬지 않고 울려대는 통에 전화기를 잠시 꺼둬야 할 정도였습니다.

문득 떠오른 생각은 그 자리에서 트윗한다

이후 저는 생각할 거리가 떠오를 때마다 습관처럼 트윗을 하고 있습니다. 일상에 일어난 일뿐만 아니라 재미있는 해외 광고나 비즈니스적인 깨달음도 모두 140자 이내로 정리해서 트윗합니다. 트위터에 올리는 작업을 통해 사고가 깊어지고, 기억에 자리 잡기가 쉬워집니다.

자신의 과거 트윗을 검색할 때는 트위터를 블로그 형식으로 저장해주는 인터넷 서비스 '트위로그(Twilog, 일본어 기반 서비스-옮긴이)' 같은 곳을 사용하면 편리합니다.

현재 제 팔로워는 1만 7천 명이 넘습니다. 트위터를 통한 프로젝트나 강연 의뢰도 늘었습니다. 다양한 소셜미디어가 있지만, **아이디어 발상력을 키운다는 의미에서 최적의 툴은 트위터라고 생각합니다.**

지금은 대형 미디어와 기업이 뛰어들면서 규모가 커졌지만, 트위터는 본래 '혼잣말'을 부담 없이 발신하는 툴입니다. 깊이 생각하지 않고 내뱉는 말이라도 괜찮습니다. 바빠도 틈새 시간에 이용할 수 있고 번거롭게 촬영 같은 것을 할 필요도 없습니다. 허가한 사람 말고는 볼 수 없도록 제한을 걸어두거나 순수하게 나만의 메모장처럼 사용할 수도 있습니다.

정보관리는 주의하면서, 꼭 한번 활용해보길 바랍니다.

누군가에게 이야기한다

획득한 정보는 누군가에게 전달하기 위해 편집하는 과정을 통해 기억에 정착됩니다. 이런 점에 있어서는 트위터뿐만 아니라 누군가에게 구두로 이야기하는 것도 효과적입니다. 같은 내용이라도 상사나 부하, 가족이나 친구 등 상대에 따라 전하는 방법이 달라질 겁니다. 미팅이나 회식 등 이야기를 나누던 상황도 한데 묶어서 기억해두면 머릿속에 정착시키는 데 도움이 됩니다.

여기에서도 제가 경험한 실제 사례를 소개하겠습니다.

도서관에서 빌려온 그림책을 아이들에게 읽어준 적이 있습니다. 제목은 『제비의 여행-5,000킬로 떨어진 곳에서(ツバメのたび―5000キロのかなたから)』입니다. 제비가 새끼를 낳기 위해 머나먼 곳에서 출발하여 이런저런 고난을 겪으며 일본에 도착하기까지의 모습을 감

동적으로 그려낸 그림책입니다. 거실에서 아이들에게 그 책을 읽어주고 다 함께 "제비는 대단하다!"라고 감탄했던 기억이 남아 있었습니다.

한참 후에 일본의 최대 항공사인 전일본공수(ANA)의 광고 제작을 담당할 기회가 생겼습니다. 광고 목적은 비즈니스 클래스의 쾌적함을 알리는 것이었습니다. 전일본공수의 비즈니스 클래스는 평가기관으로부터 5성급 인증을 받는 등 세계적으로 높은 평가를 받고 있습니다. 쾌적한 시트, 맛있는 기내식, 풍부한 엔터테인먼트 설비 등 소비자에게 광고할 포인트는 많지만, 있는 그대로 설명해서는 광고로서 임팩트가 부족합니다. 어떻게 해야 할지 고민하던 중에 『제비의 여행』이 떠올랐습니다.

'제비들이 목숨을 걸고 날갯짓을 할 때, 인간은 푹신한 시트에 폭 쌓여 기내식을 먹고 영화를 즐기고 편안히 잠을 청하며 외국까지 날아갈 수 있다. 제비들에 비하면 이 얼마나 호화로운가'라는 생각이 들었던 겁니다. 그래서 광고에는 다음과 같은 카피를 사용했습니다.

오직 인간만이, 시속 900킬로로 숙면할 수 있다.

만약 제가 어딘가에서 우연히 철새 이야기를 들었을 뿐이었다면,

이런 카피를 쓰지는 못했을 겁니다. 그림책을 잔뜩 담은 도서관용 토트백, 도서관 풍경, 책을 읽어주던 거실, 아이들의 놀라는 표정, 그런 상황까지 모두 기억하고 있었기 때문에 일에 활용할 수 있었다고 생각합니다. 누군가에게 이야기함으로써 인풋을 비즈니스에 활용할 수 있는 지식으로 정착시킬 수 있었던 겁니다.

기억하기 위해 말하는 것이 효과적이라는 사실은 많은 실험을 통해 증명되었습니다. 2018년에 다음과 같은 실험이 있었습니다.

피험자들은 먼저 '도플러 효과'에 대한 설명을 듣습니다. 도플러 효과란 '음파 등의 파동과 관측자가 일방 또는 쌍방으로 운동할 때, 관측자가 측정한 파동의 진동수가 정지한 상태의 진동수와 달라지는 현상'입니다. 쉬운 예를 들자면 구급차 사이렌 소리는 멀리 있을 때 낮은음으로, 가까워질수록 높은음으로 들립니다. 그것이 도플러 효과입니다.

이후 무작위로 선택된 일부 피험자들은 별도로 마련된 공간에서 타인에게 도플러 효과에 관해 설명하도록 지시받습니다. 이때 '메모를 보고' 설명하는 피험자와 '메모 없이' 설명하는 피험자로 나누어집니다.

일주일 후 피험자들은 다시 모여 도플러 효과에 대해 테스트를 받습니다. 가장 성적이 좋았던 것은 '메모 없이' '타인에게 이야기한' 피험자들이었습니다.

외국어를 배울 때 실제로 말로 뱉지 않으면 단어가 잘 외워지지 않는 것도 같은 맥락입니다. 정보는 **사용해야 비로소 살아 숨 쉰다**는 사실을 명심하기 바랍니다.

스마트폰 메모를
적극 활용한다

업무에 메모를 활용하고 싶어 하는 사람은 많고, 세상에는 메모법에 관한 책이 넘쳐납니다. 저도 메모에 대한 동경이 있어서 여러 번 도전해봤지만 오래 간 적이 없습니다. 이유는 앞서 말했듯 **메모장을 가지고 다니는 것이 번거롭고 불편했기 때문**입니다. 가방 속에서 한참을 뒤적여도 도대체 메모장은 보이질 않고, 가까스로 찾아내면 이번엔 펜을 못 찾아서 쓰지를 못합니다. 메모를 하고 싶을 때 누군가와 함께 있거나 이동 중이거나 쓸 장소가 마땅찮은 경우도 많습니다.

당연한 이야기를 반복해서 미안합니다. 하지만 메모법에 관한 수많은 서적 가운데 이런 근본적인 문제를 언급한 서적은 본 적이 없습니다. 분명히 이런 고민을 하는 사람이 저뿐만은 아닐 텐데도 말입니다.

그런데 메모에 그다지 재능이 없는 사람이라도 메모를 할 수 있는 획기적인 툴이 발명되었습니다. 바로, 아이폰입니다! 그것도 기본으로 내장된 '메모' 애플리케이션이야말로 최강의 메모 툴이라고 저는 생각합니다.

시중에 다양한 기능을 제공하는 유료 애플리케이션도 많이 있습니다. 하지만 복잡한 기능을 다루는 것이 귀찮아져서 결국 메모를 안 하게 되기 십상입니다. 최근 아이폰 메모 애플리케이션에 첫 줄이 제목으로서 볼드체로 표시되는 기능이 추가되었지만, 저는 이 기능도 꺼두고 사용합니다(개인적으로는 애플이 앞으로도 불필요한 업데이트 없이 지금 이 상태를 유지해주길 간절히 바라고 있습니다).

저는 아이폰 메모에 독서 후 인상에 남은 구절이나 일상의 추억 등 뭐든지 기록하려고 노력합니다. 이때 카테고리는 절대로 나누지 않습니다. 정리정돈하려는 순간 귀찮게 느껴지면서 메모하기를 그만두게 되기 때문입니다(다만 매달 신규 메모장을 생성하는 정도로만 구분하고 있습니다).

게다가 뒤죽박죽 섞여 있을수록 인풋끼리 자유롭게 연결하면서 발상의 비약으로 이어질 수 있습니다. 색깔이나 도표 기능도 사용하지 않는 편이 좋습니다. 최대한 기능을 단순하게 유지하는 것이 중요합니다.

유일하게 사용하는 기능은 '넘버링'입니다. 문장을 항목별로 쓰면 문장 첫머리에 '1, 2, 3…' 이렇게 번호가 자동으로 붙습니다. 메모할수록 숫자가 늘어나는 것에 재미를 붙이면 메모를 지속할 수 있게 됩니다. 이때 넘버링의 목적은 정리가 아니라 메모하는 습관을 들이기 위함입니다. 이렇게 저는 주로 스마트폰 메모를 애용하고, 시간과 장소의 여유가 주어질 때만 노트에 직접 기록합니다.

머리에 떠오른 생각을 빠짐없이 쓰는 것은 불가능합니다. 필요한 정보만 자연스레 추려가는 것이 손으로 쓰는 메모의 장점입니다. 가령 회의나 프레젠테이션 등에서 언급한 중요한 내용을 정리할 때는 노트에 직접 쓰는 것이 적절합니다.

저녁에 어느 정도 여유 시간이 생겼다면 좋아하는 필기도구를 사용하여 일기를 쓰는 것도 좋습니다. 하루 동안 일어난 일을 정리하면 마음이 안정되고 예상치 못한 발견을 하게 될지도 모릅니다.

모든 할 일은
일정표에 적어둔다

인풋은 관찰입니다. 일부러 시간을 내서 책을 읽지 않고 그저 일상을 관찰하는 것만으로도 충분합니다. 하지만 그렇다고 해도 독서보다 좋은 것은 없습니다. 영화나 여행, 식사 등 사적인 시간을 할애하여 견문을 넓히는 것도 중요합니다.

재미있는 사실은 **바쁜 사람일수록 책을 많이 읽고 영화를 보고 맛집 정보에 해박한 경우가 많다**는 겁니다. 천재에게든 부자에게든 하루는 24시간밖에 없는데도 말입니다. 제 주위에는 바쁜 업무에도 불구하고 다독가면서 맛집 정보에 밝은 지인이 있습니다. 대체 어떻게 시간을 쪼개서 쓰고 있는지 물어봤습니다. 그러자 그는 이렇게 답했습니다.

"회의나 프레젠테이션뿐만 아니라 모든 할 일을 일정표에 적어둡니다."

독서나 영화, 아침 산책, 운동, 예능 프로그램을 보는 일 등 그는 보통 사람이 '시간 나면 해야지'라고 생각할 법한 일까지 빠짐없이 일정표에 적어둡니다. 그리고 업무를 처리하듯 하나하나 소화해내고 있었습니다.

대부분은 일정표에 회의나 프레젠테이션 등 업무상 누군가와 만나는 일을 적어둡니다. 하지만 '비는 시간에 책을 읽어야지'라고 생각만 하고 있으면, 영원히 시간은 비지 않습니다. '일요일 오후 2시부터 이 책을 읽어야지'라고 일정표에 적어 두고 독서 시간을 만들지 않으면 안 된다는 말입니다.

저는 독서나 영화 감상은 물론 '생각하는 시간'도 일정표에 적어둡니다. 본래 제 업무는 진득하니 자리 잡고 앉아서 아이디어를 생각해내는 일인데, 이메일 답변 등 눈앞에 닥친 잡무를 해치우다 보면, 금세 저녁 시간이 되어 버릴 때가 많습니다. 그래서 가령 오전 10시부터 11시까지는 '차분히 앉아 카피를 쓴다'라고 일정표에 적어 두고 그 시간은 최대한 전화나 이메일 대응을 피합니다. 생각하는 시간을 정하고 기한을 설정하는 것은 집중력을 유지하는 데 도움이 됩니다.

구글이나 아웃룩 캘린더의 '반복 일정 만들기' 기능을 사용하여 인풋을 습관화하는 것도 효과적입니다. 어느 잘나가는 광고 플래너는 '아무리 바빠도 매주 영화 한 편을 본다'라고 정해뒀다고 합니다. 저도 그처럼 매주 수요일을 '영화의 날'로 정해두고 캘린더에 반복 일정을 설정해두었습니다.

"일할 때는 즐겁게, 놀 때는 엄격하게."

제가 신입일 때 연수 과정에서 들은 말입니다. 요즘 들어 이 말에 담긴 깊은 뜻을 곱씹게 됩니다. 다른 일을 희생해서라도 회의나 프레젠테이션 일정을 지키는 사람이 많습니다. 그렇기 때문에 더더욱 업무 이외의 일정은 엄격하게 지키도록, 반대로 업무는 의무감에 떠밀려 억지로 하지 않도록 의식할 필요가 있습니다.

조사하고, 조사하고, 잊는다

- 관찰, 관찰, 관찰

- 트위터에 메모하라

- 누군가에게 이야기한다

- 스마트폰 메모를 적극 활용한다

- 모든 할 일은 일정표에 적어둔다

이렇게 5가지 인풋 방법에 대해 살펴봤습니다. 다만 이렇게 수집한 인풋을 언제 업무에 활용하게 될지는 솔직히 알 수 없습니다. 인풋을 할 때는 일에 관해서 잠시 잊고 있는 편이 좋습니다.

앞에서 소개한 전일본공수의 광고 카피를 쓴 것은, 그림책『제비의 여행』을 읽고 나서 몇 해가 지난 후였습니다. 이 카피의 특징은

'철새'와 '비즈니스 클래스'라는, 얼핏 보면 아무런 관계가 없어 보이는 두 요소를 연결했다는 점에 있습니다. 관계없는 요소가 서로 이어지기까지는 어느 정도 시간이 필요합니다.

하지만 그렇게 여유를 부리지 못하는 상황도 있습니다. "3일 후에 있을 기획회의 때문에 이 책을 샀건만, 아무런 답도 얻지 못했다!"라는 사람이 있을지도 모릅니다. 하지만 너무 걱정하지 않아도 됩니다. 이번 장의 마무리로서 **업무에 바로 활용할 수 있는 인풋에 관해 설명**하려고 합니다.

당신이 '새로운 스니커즈'에 대한 아이디어를 생각해야 한다고 가정해봅시다. 가장 먼저 해야 할 일은 아이디어를 내는 일이 아닙니다. 우선 스니커즈를 철저하게 조사해야 합니다.

자신이 신고 있는 스니커즈나 현재 매장에서 인기를 끄는 제품 정도에 그치면 안 됩니다. 과거 명작부터 스니커즈의 역사, 고가에 매매되는 한정판 스니커즈, 스니커즈 브랜드의 변천과 특징, 그리고 '애초에 스니커즈란 무엇인가'까지 조사해야 합니다. 사실 더는 조사할 것이 없을 정도로 하는 편이 좋지만, 그렇게까지 시간을 할애할 수 없는 경우가 많습니다.

저는 '조사한다 : 아이디어를 낸다'를 '8 : 2' 정도의 시간 배분으로 정해둡니다.

대부분 대상에 관해 조사도 하지 않고 대뜸 아이디어를 짜내려고 합니다. 그래서 도중에 생각이 막히는 겁니다. 8할의 시간을 인풋에 쓰면 아이디어가 전혀 떠오르지 않는 상황은 절대 일어나지 않습니다.

모조리 잊어도 괜찮다

지금까지 인풋 스킬에 대해 설명했습니다. 이제 인풋을 어떻게 아이디어 발상에 활용하는지 그 방법만 알면 완벽해집니다. 대부분 다음과 같이 생각하고 있을 겁니다(여기에서는 당신이 자동차 회사에서 일한다는 가정하에 설명합니다).

자동차 정보를 인풋한다

➡ 메모장 '자동차' 카테고리에 메모해둔다

➡ 얼마 후 신차의 아이디어를 내는 업무를 담당하게 된다

➡ 메모장 '자동차' 카테고리를 펼친다

➡ 거기에 적힌 내용을 보다가 '이거다!' 하고 아이디어가 떠오른다

독서법이나 메모법 관련 서적에서는 수집한 정보를 잊지 않고 관리하는 방법에 대해 많은 분량을 할애하고 있습니다. 물론 이런 식

으로 인풋을 활용하려면 기록과 관리가 필요합니다.

하지만 단언컨대 **인풋 내용은 잊어도 괜찮습니다.** 인간은 '망각의 동물'입니다. 생리에 반하는 방법으로 최고의 아이디어가 나올 리가 없습니다.

인간의 두뇌는 하드디스크가 아닙니다. 수집한 정보를 폴더에 나눠서 보존하고 필요할 때 바로바로 꺼내서 사용하는 것은 불가능합니다.

잊지 않는 것보다는 인풋의 흐름을 이어가는 것이 중요합니다.

과거에 함께 일했던 크리에이티브 디렉터는 "지금, 보고 있는 것을 **힌트 삼아 아이디어를 낸다**"라고 말했습니다. 듣고 보니 그의 작품에는 전날 밤에 본 예능 프로그램이나 최근 재밌게 읽은 책 등 무척이나 친숙한 재료가 인풋으로써 활용되어 있었습니다.

이 사실을 깨닫고 저는 잊지 않으려고 메모를 정리하려는 노력을 그만뒀습니다. 메모는 잊지 않기 위해서가 아니라 활자화하여 사고의 프로세스를 명확하게 하기 위해서 하는 것입니다.

특별한 노력을 하지 않아도 과거의 인풋이 문득 떠올라서 업무에 활용되는 경우도 있습니다. 기록 관리는 앞서 말한 트위터나 트위로그를 활용하는 것으로 충분합니다.

'쓸모 있다'는 말은 아이디어를 짓밟는다

아이디어를 생각해내기 위해서는 인풋이 먼저입니다. 지금까지 한 설명과 모순되게 들릴지도 모르지만, 인풋을 업무에 활용하려고 해서는 안 됩니다. 일을 의식하면 시야가 좁아지고 인풋의 양과 질이 떨어집니다.

　앞서 예로 든 전일본공수의 광고 카피를 떠올려보길 바랍니다. 만약 제가 '일에 써먹어야 한다'고 벼르고 있었다면, 일과 전혀 상관없는 아이의 그림책 같은 건 금세 잊어버렸을 겁니다. '쓸모가 있다, 없다' 식의 얕은 생각은 접어두고 순수한 호기심으로 인풋을 해야 합니다. 그래야 일의 양분이 되고 이후에도 정보로서 살아 숨 쉬게 됩니다.

　　"쓸모 있다는 말이 사회를 망치고 있다고 생각합니다."

　자가포식 연구로 2016년 노벨 생리의학상을 받은 오스미 요시노리 교수가 수상 회견에서 한 말입니다.

　"처음 이 연구를 시작했을 때 자가포식이 반드시 암이나 인간의 수명 문제로 이어진다는 확신이 있었던 건 아닙니다. 기초적인 연구는 그런 식으로 전개해나가는 것이라고 이해해줬으면 좋겠습니다. 기초과학의 중요성을 강조하고 싶습니다."

"과학에 있어서 쓸모가 있다는 말이 수년 후에 기업화할 수 있다는 말과 동의어처럼 사용되는 것은 문제가 있습니다. 정말 쓸모가 있다는 사실을 알게 되는 것은 10년 후가 될지 100년 후가 될지 아무도 모릅니다. 미래를 내다보고 과학을 하나의 문화로써 인정해주는 사회가 되기를 간절히 바랍니다."

오스미 교수의 발언은 과학뿐만 아니라 비즈니스에도 그대로 적용됩니다. '쓸모가 없어도 괜찮다. 정리정돈하지 않아도 괜찮다. 잊어도 괜찮다.' 다시 한번 말하지만 중요한 것은 인풋의 흐름을 이어가는 것입니다.

이번 2장에서 소개한 6가지 스킬을 의식하며 생활하다 보면 '삶의 해상도'가 높아지는 것을 느낄 겁니다. 수십 권의 책을 속독하거나 세미나를 찾아 여기저기 발품을 팔지 않아도 됩니다. 뻔하다고 생각했던 동네 풍경도 주의 깊게 관찰하면 새로운 면모를 많이 발견할 수 있습니다.

스마트폰 메모를 들여다보면 그냥 잊고 넘겼을지도 모를, 사소하지만 마음을 움직이는 것들이 가득할 겁니다. **그것이야말로 일의 기반이 됩니다. 그 어떤 것보다 인생을 풍요롭게 해줍니다.** 저는 그렇게 생각합니다.

✖ 관찰, 관찰, 관찰

'눈에 보이는 모든 것이 인풋'이라고 생각한다.

✖ 트위터에 메모한다

떠오른 생각은 그 자리에서 트윗한다.

✖ 누군가에게 이야기한다

머릿속에 담아두지 말고 즉시 아웃풋을 한다.

✖ 스마트폰 메모를 적극 활용한다

게으른 우리는 정보를 정리하지 않아도 괜찮다.

✖ 모든 할 일은 일정표에 적어둔다

'언젠가 해야지'의 '언젠가'는 영원히 오지 않는다.

✖ 조사하고, 조사하고, 잊는다

인풋의 흐름을 이어가는 것이 중요하다.

제 3 장

사고의 벽을 돌파하는
19가지 아이디어 스킬

기존 사고법의 문제점

'아이디어는 오래된 요소를 조합하거나 일부를 변경한 것이다. 그러므로 우선은 오래된 요소를 인풋해야 한다.'

이것이 지금까지 설명한 내용입니다. 3장에서는 이 책의 테마인 '아이디어 100개를 생각해내는 사고'를 위한 구체적인 방법에 관해 이야기하려고 합니다.

최근 아이디어 발상 기법으로 '디자인 사고'가 주목받고 있습니다. 이를 간략하게 정의하자면 '프로 디자이너가 아니더라도 아이디어를 낼 수 있도록 디자이너 사고법을 체계화한 것'이라고 할 수 있습니다.

저도 몇 차례 디자인 사고 워크숍에 참가한 적이 있습니다. 색색의 포스트잇에 아이디어를 써서 벽면 가득 붙이고, 멋지게 디자인된 플로 차트에 의견을 채워갑니다. 분명 크리에이티브한 기분이 느껴지는 즐거운 작업입니다. 다양한 배경을 가진 사람들과 지식 교류를 하며 성취감도 느낄 수 있습니다.

하지만 실제 비즈니스 현장에서의 아이디어 발상에 디자인 사고를 활용할 수 있을까요? 개인적으로는 의문이 듭니다. 물론 디자인 사고가 이토록 좋은 평가를 받는 것은 그만큼 장점이 크기 때문일 겁니다. 하지만 주의해야 할 점도 많습니다.

디자인 사고의 문제점은 좋은 아이디어가 나오지 않아도 '뭔가 하고 있다는 느낌'이 든다는 점입니다. 벽면 가득 색색의 포스트잇이 붙어 있는 광경은 정말이지 크리에이티브하게 보입니다. 쓰여 있는 내용은 변변찮을지언정 고도의 지적 토론을 해냈다는 분위기가 뿜어져 나오니까요.

플로 차트를 채워가는 방법은 문제가 더욱 심각합니다. 가령 '경쟁사의 강점', '경쟁사의 약점', '자사의 강점', '자사의 약점', '소비자 인사이트' 같은 칸이 있다고 합시다. 이때 현실을 입맛에 맞게 해석하고, 결과를 전제로 플로 차트를 채우는 식으로 진행되는 경우가 많습니다.

플로 차트를 순서대로 채우고 나서 '자사의 아이디어는 경쟁사보다 매력이 부족하며 근본적인 수정이 필요하다'라는 결론이 나올 수도 있습니다. 하지만 그런 객관적인 판단이 내려지는 경우는 많지 않습니다. '자사의 아이디어는 경쟁사보다 우수하며 소비자 인사이트도 간파하고 있다'라는 결과를 전제로 칸을 채워버리는 겁니다.

미국의 그래픽 디자이너 나타샤 젠은 디자인 사고를 이렇게 비판합니다.

"우리가 살아가는 세상은 어지럽고 혼란스럽습니다. 그렇기 때문에 툴을 포스트잇에 한정 지어버리는 것은 문제가 있습니다."

"디자인 사고로 토론하다 보면 이상론이나 가설이 대부분이고, 실제 사례가 부족한 경우가 많습니다. 극히 드물게 실제 사례가 거론되기도 하지만, '정말 이것이 디자인 사고의 성과인가?' 하고 놀라게 되는 작품이 많습니다("디자인 사고는 헛소리-펜타그램의 나타샤 젠이 던지는 질문", 「AXIS Web Magazine」 중에서)"

저도 이 의견에 찬성합니다. 모든 비즈니스에 있어서 중요한 아이디어 발상이라는 행위를 공식화한다는 목적 그 자체는 잘못되지 않았습니다. 바쁜 비즈니스 현장에서 우연히 좋은 아이디어가 떠오르기만을 기다릴 여유는 없습니다. '누구나 사분면 칸에 맞춰 생각하면 된다!' 같은 방법이 있다면 몇몇 창의적인 인물에게 의존해야 하는 상황도 피할 수 있습니다.

하지만 지금의 디자인 사고는 '그 자체가 목적이 되어 버린' 경향이 있습니다. 애초에 포스트잇이나 독자적인 차트를 사용하는 방법은 일반인들에게 너무 전문적입니다. 앞서 말했듯 전문적인 툴을 사용하는 방법은 오래가지 못합니다. 게다가 아이디어라는 건 디자인 사고를 도입할 수 있을 법한 일부 선진적 기업에만 필요한 것이 아닙니다.

"총무팀에 둔 볼펜이 너무 빨리 소진되는데, 좋은 방법이 없을까?" "초등학교 운동회에서 운동을 잘 못하는 아이도 즐길 수 있는 새로운 경기가 없을까?" 이런 과제를 디자인 사고로 해결하는 장면이 저는 쉽게 상상되지 않습니다.

이 책에서 말하는 노하우는 디자인 사고와 다르게 세련되지 못하고 어느 정도 시간도 걸립니다. 하지만 어려운 프레임워크를 배우지 않아도 누구나 실천 가능합니다. 예산 규모가 수십억 원짜리 큰 프로젝트부터 상점가 이벤트까지 각종 니즈에 대응할 수 있습니다. 전용 툴도 필요하지 않습니다.

다시 한번 말하겠습니다. 그 아이디어 발상법이란, 많은 양의 아이디어를 낸다. 오직 그뿐입니다.

질보다양

퀄리티와 상관없이 적어도 100개를 생각해낸다. 이것이 철칙입니다. 대단한 천재라면 몰라도 어쩌다 생각해낸 1개의 아이디어가 좋을 확률은 매우 낮습니다.

양과 질은 세트입니다. 우리는 치열한 경쟁을 거쳐 세상에 나온 단 하나의 아이디어만을 보기 때문에 이런 사실을 그다지 실감하지 못합니다. 하지만 좋은 아이디어의 이면에는 반드시 수많은 그저 그런 아이디어가 숨겨져 있습니다.

스티브 잡스가 아이맥(iMac)에 맥맨(MacMan)이라는 이름을 붙이려고 했다는 유명한 에피소드가 있습니다. 소니를 좋아했던 잡스가 '워크맨'에서 가져와 붙인 이름입니다. 만약 애플이 아이맥을 맥맨으로 발매했다면 이후에도 지금처럼 승승장구할 수 있었을지 의문입니다.

스티브 잡스조차 그저 그런 아이디어를 냅니다. 우리도 마음 놓고 그저 그런 아이디어를 가능한 한 많이 내야 한다는 생각이 들지 않나요?

아이디어를 내는 시점에는 예산이나 일정 같은 실현성은 생각하지 않는 것이 좋습니다. 비용이 천 억이 들든 할리우드 스타를 기용하든 실현하는 데 10년이 걸리든 상관없습니다.

처음에 나온 아이디어가 그 일의 한계점을 결정합니다. 최초 예산을 100만 원으로 설정해버리면 어김없이 100만 원 이하의 아이디어가 실현되는 겁니다. 예를 들어 새로운 스마트폰 아이디어를 낸다고 해봅시다.

- 충전 없이 영구적으로 사용할 수 있는 스마트폰
- 롤렉스와 협업하여 다이아몬드로 장식한 스마트폰
- 코끼리가 밟아도 부서지지 않는 스마트폰
- 피부에 심을 수 있는 극소형 스마트폰

어떤 아이디어라도 괜찮습니다. 이런 방식이라면 즐거운 마음으로 아이디어 100개를 생각해낼 수 있지 않을까요? 훌륭하지 않아도 괜찮습니다. 실현 가능 여부는 나중에 생각하면 됩니다. 그저 가벼운 마음으로 임하면 되는 겁니다.

이유는 모르겠지만 인간은 일부러 의식하지 않으면 자기 자신에게 제한을 겁니다. 무의식중에 '이 프로젝트는 이 정도면 되겠지…'라고 굳게 믿어버립니다. 이렇게 되면 아무리 열심히 생각해도 평범한 아이디어밖에 내지 못합니다. '충전 시간이 30분 짧아진 스마트폰' 같은 아이디어를 내고는 '충전 시간이 3분 짧아진 스마트폰'을 세상에 내놓는 겁니다.

눈치가 빠르고 상황 파악을 잘하는, 이른바 '일 잘하는 사람'이라고 평가받는 사람일수록 자신에게 제한을 걸기 쉽습니다. 최근 프로젝트의 규모와 예산을 최소한으로 줄여 실현 가능성을 높이는 것을 그럴듯하게 표현한 '피저빌리티(feasibility)'라는 말이 흔하게 쓰입니다. 이런 걸 보면 알다가도 모를 세상입니다.

그러므로 아이디어를 내는 시점에서는 끊임없이 '퀄리티는 상관없다', '실현성은 상관없다', '무조건 많은 양'을 의식해야 합니다. 회의 중에 재미없는 아이디어, 말도 안 되는 아이디어라고 비판해서도 안 됩니다. '어떤 아이디어라도 아이디어는 아이디어다'라는 태도로 임하지 않으면 생산적인 회의가 되지 않습니다.

포스트잇 금지

"재미없어도 OK! 예산이나 마감은 무시해도 OK!" "말도 안 되는, 황당무계한 아이디어 환영!"

이런 말을 들으면 지금껏 지지부진했던 아이디어 발상이 조금은 즐겁게 느껴지지 않나요? 마음이 동했을 때 얼른 아이디어 100개를 생각해봅시다!

그런데 혹시 지금 '포스트잇'에 쓰려고 하지 않았나요? 그렇다면 당장 멈추기 바랍니다. **절대로 아이디어를 포스트잇에 써서는 안 됩니다.**

앞서 디자인 사고의 실용성에 대해 의문을 제기했습니다. 아이디어 발상이라고 하면 대부분 디자인 사고적인, 색색의 포스트잇을 벽에 붙이는 장면을 떠올립니다. 그것이 바로 포스트잇을 사용하면 안 되는 이유입니다.

아무리 재미없는 아이디어라도 포스트잇에 쓰는 순간 그럴듯해 보이면서 그것이 크리에이티브하다고 착각하기 쉽습니다. 그러다가 그대로 윗사람에게 승인받아 덜컥 실현되어버릴지도 모릅니다.

아이디어는 A4 용지를 가로로 둔 상태에서 큰 글씨로 씁니다(물론 컴퓨터로 작성해도 됩니다). 실제 프레젠테이션에서도 A4 용지를 가장 많이 사용합니다. 그만큼 아이디어를 프레젠테이션에 가까운 느낌으로 바라볼 수 있습니다. '이 아이디어는 클라이언트에게 제안할 정도의 퀄리티는 아니다' 같은 판단이 가능해집니다.

신입 시절 저는 A4 용지 한 장에 캐치프레이즈를 쭉 적어서 그대로 기획회의에 들고 갔다가 선배에게 이런 지적을 들었습니다.

"카피는 반드시 A4 용지 한 장에 한 개만 써야 한다. 작게 쓰면 스케일이 작은 카피가 된다."

실제로 카피라이터가 기획회의에 들고 가는 카피는 반드시 A4 용지 한 장에 아이디어 한 개가 크게 쓰여 있습니다(최근에는 컴퓨터 모니터에 띄우는 경우도 많아졌지만, 그래도 슬라이드 한 장에 카피 한 개여야 한다는 점에는 변함이 없습니다). 인간은 참으로 단순해서 작은 종이를 마주하면 저절로 발상이 쪼그라들어 버립니다. 포스트잇을 사용하는 순간 포스트잇만 한 크기의 아이디어밖에 나오지 않습니다.

저는 아이디어를 떠올리기 전 단계에서 혼자 제 생각을 정리할 때 포스트잇을 종종 사용합니다. 이리저리 순서를 바꿔서 나열하기 편리한 덕에 새로운 발상으로 이어지기도 합니다.

하지만 아이디어 회의에서 포스트잇을 사용하는 것은 바람직하지 않습니다. 제가 지금까지 참여한 수많은 아이디어 회의에서 포스트잇이 준비되어 있던 적은 단 한 번도 없었습니다.

파워포인트 금지

이제 포스트잇을 사용하면 안 되는 이유는 이해가 되었을 거라 믿습니다.

그런데, 혹시 파워포인트를 실행하려 하나요? 지금 당장 멈추기 바랍니다. 파워포인트도 이 단계에서는 절대로 사용하면 안 됩니다.

'A4 용지는 되면서 파워포인트는 왜 안 된다는 말인가! 실제 프레젠테이션에 가까운 느낌으로 봐야 아이디어가 좋은지 나쁜지 올바르게 판단할 수 있다고 하지 않았나? 파워포인트야말로 프레젠테이션 그 자체지 않은가!'

이렇게 생각할지도 모릅니다. 물론 프레젠테이션에 파워포인트를 사용하는 경우가 많습니다. 그래서 더욱 이 단계에서는 사용 금지입니다.

파워포인트는 프레젠테이션용 자료를 일정 형식으로 정리하기 위한 툴입니다. 아이디어를 많이 떠올리기 위해 설계되어 있지는 않습니다. 프로그램 자체가 무겁다거나 기능이 지나치게 많다는 점 등 오히려 발상을 막는 요소가 가득합니다. 물론 파워포인트가 좋지 않다는 말이 아닙니다. 본래 아이디어를 내기 위한 툴이 아니므로 어쩔 수 없는 부분입니다.

아이디어 발상에 파워포인트를 사용하는 경우, 다음과 같은 상황이 벌어집니다.

'아! 괜찮은 생각이 떠올랐어. 빨리 적어놔야지. 우선은 텍스트 박스를 삽입하고, 박스는 어디에 배치할까… 가운데 정렬해서 폰트를 고르고, 강조하고 싶은 부분은 글자색을 바꿔야지. 아, 사진도 넣는 게 좋을 것 같은데. 그래, 뭔가 적당한 이미지가 없는지 검색해봐야겠다.'

어떤가요? 이렇게 해서 과연 아이디어 100개를 생각해낼 수 있을까요?

기획회의에 아이디어를 가져가는 단계가 되었을 때 파워포인트를 사용하는 것은 아무 문제가 안 됩니다. 그 경우에도 '슬라이드 한 장에 아이디어 한 개'라는 원칙은 지켜져야 합니다. 기호를 넣거나 이미지를 삽입하는 것도 될 수 있으면 피하는 편이 좋습니다. 불필요한 장식이 있으면 오히려 아이디어가 한눈에 들어오지 않습니다.

한 베테랑 크리에이터가 "요즘 젊은 사람들은 고양이 이미지에 문장 몇 개 넣고 아이디어라며 기획회의에 들고 온다"라고 불평하는 소리를 들은 적이 있습니다. 이미지가 있으면 그것만으로 크리에이티브한 분위기를 풍기면서 내용과는 상관없이 그럴듯한 아이디어라고 착각하기 쉬워집니다.

좋은 아이디어는 반드시 단문으로 설명 가능합니다. 'A가 B와 만나 시너지를 일으켜서 그 결과 C라는 이노베이션이 탄생한다'처럼 기나긴 설명이 필요하거나 이미지 혹은 기호가 필요해지는 시점에서, 이미 그 아이디어는 그저 그런 아이디어일 가능성이 큽니다.

그리고 글씨는 크게 써야 합니다. 크면 클수록 좋습니다. 인간은 생리적으로 큰 글씨를 좋아한다고 생각합니다. 큼직하게 쓴 수많은 아이디어 메모가 늘어선 기획회의는 즐겁습니다. '다 함께 적극적으로 재미있는 것을 생각하자'는 분위기가 만들어집니다.

반대로 깨알같이 작은 글씨로 적힌 아이디어는 현장 분위기를 가라앉히기 십상입니다. '이건 일이다. 진지하게 생각하자'라는 분위기에 사로잡히면서 발상의 폭이 좀처럼 넓어지지 않습니다.

글자 크기를 20포인트보다 작게 쓴 아이디어가 세계를 바꾼 적은 결단코, 단 한 번도 없습니다(작은 글씨의 폐해는 앞서 '포스트잇 금

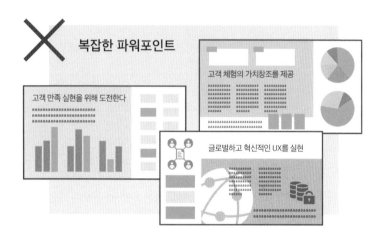

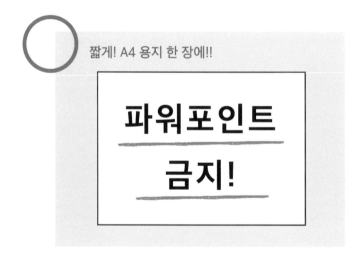

지' 편에서 이야기했습니다). 글씨를 줄여야 슬라이드 한 장에 들어갈 정도로 장문이 되었다면, 그것은 역시 그저 그런 아이디어라는 뜻입니다.

이미지 금지

인터넷상에는 화젯거리가 될 만한 이미지들이 넘쳐납니다. 트위터나 인스타그램을 보다가 '이거 재밌네!' 싶은 포스팅을 마주하는 일도 많을 겁니다. 하지만 그것을 그대로 파워포인트에 붙여 넣고 자신의 아이디어로서 각색하는 일은 절대로 해서는 안 됩니다. 각색할 수 없는 것이 대부분이기 때문입니다.

이미지의 임팩트는 절대적입니다. 손바닥 위에서 꾸벅꾸벅 졸고 있는 새끼 고양이 이미지를 붙여 넣으면, 그 밑에 아무리 재미없는 문장을 넣어도 그럴듯한 아이디어처럼 보이기 마련입니다.

동영상은 더욱 위험합니다. 문장 한 줄 없이 인터넷에서 본 재미있는 동영상을 들고 와서는 '이런 식으로 합시다!'라고 말하는 사람이 정말 많아졌습니다. 모방 의혹을 받는 아이디어 대부분이 이런 경위로 세상에 나오는 것이 아닌가 싶은 생각이 듭니다.

제가 끈질기게 '아이디어 발상을 위해서는 글로 써야 한다'라고 주장하는 데는 이러한 배경이 있습니다. 이미지나 동영상과 달리 문장은 눈속임을 할 수 없습니다. 구체적이지 않은 아이디어는 실체가 없는 막연한 문장이 되는 데다가 모방한 부분도 명확하게 드러납니다.

저는 이 점을 강조하고 싶습니다.

- 아이디어에 옷을 입히지 말라
- 아이디어는 맨몸으로 내보여라

이미지나 동영상이라는 보충 설명이 필요한 시점에서 이미 그 아이디어는 탈락입니다.

툴은 불필요하다

"포스트잇도 파워포인트도 안 되면 대체 무엇을 쓰라는 말인가? 머리로 생각만 해서는 안 된다고 하지 않았나?"

그렇습니다. 아이디어 발상을 위해서는 글로 써야 합니다. 따라서 기록할 수 있는 것이라면 무엇이든 좋습니다. 하얀 종이와 펜, 워드, 스마트폰 메모 등 뭐든지 가능합니다. 문구를 좋아하는 사람이라면 마음에 드는 노트나 필기구를 준비해도 좋습니다. 포인트는 **기록에만 특화된 것**을 사용하는 것입니다. 플로 차트나 특정 목적을 위해 빈틈없는 짜임새로 고안된 것은 피해야 합니다.

만다라트나 마인드맵 등 세상에는 아이디어 발상을 위한 툴이 많습니다. 특히 만다라트는 메이저리그에서 활약하는 오타니 쇼헤이 선수가 활용한 것으로 주목받았습니다.

먼저 3×3으로 된 사각형 아홉 개의 칸을 그리고 중심에 달성해야 할 목표를 적습니다. 둘레에 있는 여덟 개의 칸에는 목표를 달성하는 데 필요한 사항을 써넣습니다. 그런 다음 여덟 개의 칸에 쓴 사항을 각각 중심에 두는 새로운 3×3 만다라트를 그립니다. 이 작업을 반복하면서 커다란 목표를 작은 목표로 세분화해나갑니다(문장만으로는 이해하기 어려우므로 인터넷에서 '만다라트'라고 검색해보길 바랍니다).

만다라트는 추상적인 사항을 구체화시키는 무척이나 훌륭한 툴입니다. 메이저리그 선수가 된다는 목표는 너무 큰 나머지 그 상태에서는 무엇을 해야 좋을지 알 수가 없습니다. 따라서 '구속 160킬로로 던진다', '이를 위해 하체를 강화한다', '하체를 강화하기 위해서는…' 이렇게 목표를 쪼개어 가는 겁니다.

저는 장기적 목표를 세우기보다 그때그때 제가 할 수 있는 일을 해왔습니다. 좀 더 빠른 시기에 만다라트를 시도해봤다면 저도 오타니 선수처럼 대단한 사람이 됐을지도 모릅니다. 솔직히 조금 후회하고 있습니다(하하).

그런데 만다라트는 메이저리그 선수가 아닌 저나 독자 여러분이 일상적인 작업을 위해 사용하기에는 조금 부담스러운 방법입니다. 해보면 알겠지만, 칸 하나를 채우는 일조차 의외로 쉽지 않습니다. 아이디어를 양산하는 데 알맞은 툴은 아닙니다.

다른 툴도 마찬가지입니다. 처음에는 크리에이티브한 기분이 들고 재미있다고 느껴질 수 있지만, 머지않아 질리거나 귀찮아지기 십상입니다. 적어도 저처럼 게으른 인간에겐 그렇습니다. 많은 양의 아이디어를 내기 위해서는 아이디어 발상의 문턱을 낮출 필요가 있습니다.

특별한 툴은 오히려 생산성을 떨어뜨립니다. 그저 쓰기만 하면 됩니다. 그 점을 명심하고 가벼운 마음으로 임하기 바랍니다.

여백을 활용한다

'포스트잇, 파워포인트, 특별한 툴은 필요하지 않다. 종이든 스마트폰 메모든 뭐든지 좋으니 여하튼 글로 쓴다.' 여기까지 읽고 아이디어 발상의 턱이 조금은 낮아졌으리라 생각합니다.

그래도 새하얀 노트를 펼치면 마음이 무거워지는 것이 인간입니다(저는 그렇습니다). 뭐가 되었든 첫발을 내딛는 순간은 위축되기 마련입니다. 그럴 때 효과적인 방법이 있습니다. 아이디어 전용 노트가 아니라 다른 종이의 여백을 활용하는 것입니다.

저는 종종 클라이언트가 작성한 광고의뢰서의 여백에 메모를 합니다. 광고의뢰서란 클라이언트가 어떤 광고를 만들고 싶은지 정리해서 광고회사에 제시하는 서류를 말합니다. 구체적으로는 상품에 관한 내용, 타깃, 매체(텔레비전 광고인지, 웹 동영상인지 등), 예산, 일정

등이 적혀 있습니다.

관계자들만 보기 때문에 '솔루션으로 고객 체험을…'이라는 식의 딱딱한 비즈니스 문체로 빼곡히 쓰여 있는 경우가 대부분입니다. 표나 그래프도 많고, 아무리 좋게 보려 해도 크리에이티브한 분위기는 아닙니다. 그렇기 때문에 '크리에이티브한 것을 생각해내겠다!'라며 달려들지 않아도 괜찮은 겁니다. 백지가 아니므로 쓰는 행위에 대한 부담도 줄어듭니다.

클라이언트로부터 광고의뢰서를 받고 설명을 듣는 회의를 '오리엔테이션'이라고 합니다. 저는 설명을 들으면서 느낀 점을 바로 광고의뢰서에 적습니다. 정리정돈에는 소질이 없지만, 광고의뢰서만은 작업이 종료할 때까지 보관하면서 지속적으로 여백에 메모를 하곤합니다.

이면지나 슈퍼마켓 광고지를 활용하는 것도 좋습니다. 제가 자주 사용하는 종이는 아이들이 계산 문제를 풀고 난 연습장 여백이나 뒷면입니다. 이상하게도 일과 전혀 관계없는 종이를 사용하면 발상의 폭이 넓어지는 것을 느낍니다. '이건 일이다'라는 압박에서 벗어날 수 있기 때문일까요?

27세라는 젊은 나이에 칸 국제영화제 그랑프리를 수상한 천재 감독 자비에 돌란은 음식점에 흔히 놓여 있는 냅킨에 아이디어를 적는다고 말했습니다. 그의 책상 위에는 항상 냅킨이 잔뜩 쌓여 있다

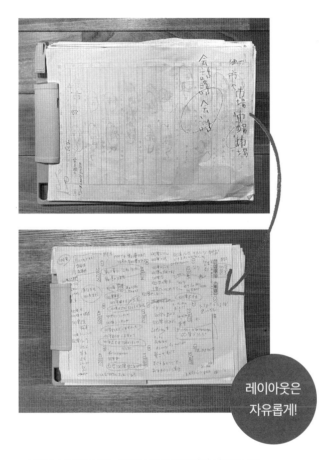

레이아웃은
자유롭게!

실제로 사용하고 있는 아이들 한자 시험지의 뒷면입니다.

이 여백에 쓱쓱 쓰고 보존이 필요한 경우는 스마트폰으로 촬영합니다.

이미지를 저장하고 나면 바로 폐기합니다.

고 합니다.

해외 광고업계에서는 아이디어 회의를 '티슈 세션'이라고 부릅니다. 아이디어를 티슈에 써서 부담 없이 서로에게 내보이는 행위에서 유래되었다고 합니다. 이러한 에피소드를 봐도 그럴듯한 툴을 사용하기보다는 그냥 가볍게 써 내려가는 행위가 중요하다는 사실을 알 수 있습니다.

시간을 정한다

앞서 '모든 할 일은 일정표에 적어둔다'라는 인풋 스킬을 소개했습니다. 회의나 프레젠테이션, 회식과 마찬가지로 독서, 강연, 영화 등도 일시를 정해서 일정표에 써두는 겁니다. 그러면 인풋의 질과 양이 현격히 높아집니다.

아이디어를 떠올릴 때도 마찬가지입니다. 회의에 참석하거나 이메일 답변을 하다 보면 눈 깜짝할 사이에 시간이 흘러가 버리고 좀처럼 생각할 짬이 나지 않는 경우가 많습니다.

'시간이 남으면 해야지…'라고 생각하면 절대로 못 합니다. 시간은 남지 않기 때문입니다. 여유 시간이 생겼다고 해도 이메일에 답변을 쓰거나 소셜미디어를 뒤적이며 시간을 보낼 것이 뻔합니다.

시간은 남는 것이 아니라 남기는 것입니다. 아이디어 발상을 위한 시간도 다른 일처럼 일정표에 적어 두어야 합니다. 직장에서 아웃룩이나 구글 캘린더를 공유하고 있다면 그곳에 입력해둡시다.

공유 일정표를 비워두면 멋대로 회의나 프레젠테이션 일정이 들어차기 일쑤입니다. 그러면 생각할 시간이 줄어듭니다. 아이디어를 생각하는 시간은 무슨 일이 있어도 확보해두어야 합니다.

간혹 '회의나 프레젠테이션도 아니고 개인 용무를 일정표에 넣어두다니 비상식적이다'라고 생각하는 사람이 있습니다. 아이디어의 중요성을 전혀 이해하지 못한 사람입니다.

회의나 프레젠테이션에 내놓는 아이디어는 언제 만들어지는 걸까요? 혼자서 생각할 때 만들어집니다. 가끔 아이디어 없이 빈손으로 회의에 참여하는 사람이 있습니다. **운동선수가 연습도 하지 않고 시합에 나가는 것**이나 다름없습니다. 사전에 혼자 생각하는 시간을 갖지 않으면 다 같이 모여도 결코 생산적인 토론이 이뤄지지 않습니다.

조금 옆길로 새는 이야기를 하자면, 공유 일정표가 꽉 차 있을 때 "여기, 시간 좀 조절해줄 수 없나요?"라며 억지로 일정을 밀어 넣으려는 사람이 있습니다. 이것은 시대에 맞지 않는 매너 없는 행동이라고 저는 생각합니다. 아이디어의 아웃풋·인풋을 비롯하여 해야 하는 모든 일을 일정표에 공유하고, 그것을 서로 존중하며 지켜간다. 이것이 현시대의 일정표를 대하는 바람직한 자세입니다.

언제가 좋을까?

일반적으로 아이디어가 잘 떠오르는 시간은 오전 중이라고 여겨집니다.

점심 식사 후는 아무래도 졸린 데다가 저녁이 되면 지쳐서 정신적으로 생각할 여유가 없어집니다. 더욱이 심야에 혼자서 생각해낸 아이디어가 건설적인 경우는 거의 없습니다.

저는 집안 용무가 끝나가는 **오전 8시 반부터 1시간 반** 정도를 아이디어 발상의 시간으로 정해두었습니다. 이 시간만큼은 다른 일정을 넣지 않고 그저 아이디어를 생각해내는 데 집중합니다.

물론 한 시간 반 동안 계속해서 집중하고 있는 것은 아닙니다. 인간이 무언가에 온전히 집중할 수 있는 시간은 대략 10~20분 정도일 겁니다. 20분 생각하고 나면 기분전환 삼아 이메일 체크 같은 잡무를 하고 다시 집중합니다. 그런 작업을 한 시간 반 사이에 반복합니다.

그리고 **잘 되든 안 되든 시간이 다 되면 작업을 멈춥니다.** 시간제한을 설정하면 긴장감이 생기고 아이디어가 나오기 쉬워집니다.

업무가 일단락된 후 밤이 되어서부터 아이디어를 생각하면 안 되는 이유는 이렇습니다. '시간은 많다'고 여유를 부리면 사고력이 둔해집니다. '밤새도록 좋은 아이디어를 생각해내겠다고 의지를 불태

웠지만, 결국 아침까지 유튜브만 들여다봤다.' 다들 그런 경험이 있을 겁니다(젊은 시절 제가 그랬습니다…).

만화가 후지코 후지오 A도 자서전에서 하루에 그리는 페이지 수를 정해두었다고 밝혔습니다. 아무리 그날의 컨디션이 좋아도 정해진 페이지 수 이상은 그리지 않는다고 합니다. 이런 방법으로 『웃는 세일즈맨』 등 수많은 걸작을 만들어냈습니다.

크리에이터들은 몇 날 밤을 새워 고심 끝에 작품을 탄생시킨다고 하는 고정관념도 이제는 바뀌어야 합니다. 밤샘 작업은 노력이 아니라 가장 쉬운 길입니다. 작업량을 역산하여 일정을 정하고 그에 맞춰 작업하기 위해서는 관리 능력과 자제력이 필요합니다. 긴장감 없이 장시간 일하는 것보다 훨씬 힘든 일입니다.

아이디어 발상은 비즈니스에서 매우 중요한 작업입니다. 그런 만큼 비즈니스로서 일정 관리를 한 상태에서 임할 필요가 있습니다.

관점을 바꾼다

아이디어를 낼 때 당신은 누구의 관점으로 생각하나요?

이상한 질문을 해서 죄송합니다. 당연히 자기 자신의 관점이라고 답할 겁니다. 하지만 자기 관점으로 생각하려고 해도, 실제로는 관점이 불분명한 상태로 생각하게 되는 경우가 많습니다.

예를 들어보겠습니다. 저는 카피라이터로서 일본 최대 위성방송 '스카파!'의 광고 제작을 담당하고 있습니다. 2019년에 '스카카피!'라는 캠페인을 진행한 적이 있습니다. 일반인을 대상으로 '가족과 함께 스카파!가 보고 싶어지는 카피'라는 주제로 카피 응모를 받았습니다. 캠페인은 큰 화제를 모았고 수만 건의 카피가 날아들었습니다.

심사를 맡은 저는 기대에 부풀어 응모작을 살펴봤지만, 실망스럽게도 응모작 대부분이 다음과 같은 카피였습니다.

- 채널 전쟁은 평화로운 전쟁이다

'평화로운 전쟁'이라는 수사법은 그럴싸한 표현으로 느껴지기도 합니다. 하지만 생각해봅시다. 요즘 아이들은 부모가 텔레비전을 보고 있으면 자기 방에 들어가 스마트폰을 보지 않나요? 애초에 당신은 지금까지 인생에서 단 한 번이라도 채널 다툼을 한 적이 있나요? 카피에 으레 쓰일 법한 수사법을 우선한 나머지 구체성이 빠져버린 겁니다.

'스카카피!'에서 입상한 다음의 카피와 비교해봅시다.

- 엄마가 좋아하는 노래는, 텔레비전에서 들었다
- 이 영화를 극장에서 봤을 땐, 아직 연인 사이였다
- 자취를 시작했다. 엄마의 잔소리가 지금은 그립다

"채널 전쟁은 평화로운 전쟁이다"와 달리 누구의 관점에서 쓴 카피인지가 매우 명확합니다. "엄마가 좋아하는 노래는, 텔레비전에서 들었다"와 "자취를 시작했다. 엄마의 잔소리가 지금은 그립다"는 아들딸의 관점이고, "이 영화를 극장에서 봤을 땐, 아직 연인 사이였다"는 부부의 관점입니다.

세 문장 모두 천재나 떠올릴 수 있을 법한 카피는 아닙니다. 오히려 우리 주변에 흔히 있는 일상의 한 조각을 가져왔을 뿐입니다. 하지만 수만 건의 응모작 가운데 이 정도 수준에 미치는 카피는 거의 없었습니다. 반대로 생각하면 관점만 명확하게 설정해도 아이디어의 양과 질을 극적으로 끌어올릴 수 있다는 말이 됩니다.

주인공이 있으면 글이 빛난다

그렇다면 생각이 꽉 막혀버렸을 때 '관점을 바꾸는' 방법에 대해 구체적으로 살펴봅시다. 예를 들어 '새로운 캔커피' 아이디어를 생각해낸다고 합시다.

- 1만 원짜리 고급 캔커피
- 잠이 확 달아나는 고카페인 커피
- 인기 캐릭터와 협업한 디자인 캔커피

첫 아이디어부터 대략 열 개 정도까지는 '관점이 불분명한 아이디어'가 나올 겁니다. 자기 내면에 있던 '왠지 이런 느낌이면 좋지 않을까?' 싶은 어렴풋한 아이디어입니다. 그러다가 아이디어가 더는 떠오르지 않을 때 '구체적인 관점'을 도입해봅니다. 예를 들면 이렇습니다.

- 주부가 집안일을 하다가 마시는 캔커피(자판기나 편의점보다는 슈퍼마켓을 주로 이용)
- 수험공부 중인 중고생이 마시는 캔커피
- 식후에 마시는 캔커피
- 목욕 후에 마시는 캔커피

주인공을 설정하고 그 사람 관점으로 생각하면 아이디어가 떠오릅니다(다시 한번 말하지만, 이 시점에는 질이나 실현성은 무시해야 합니다. 애견용 캔커피든 우주인용 캔커피든 뭐든 좋습니다). 남자, 여자, 어린아이, 회사원, 아르바이트생, 학생, 조깅 후 등 다양한 관점을 쭉 나열해보는 것도 좋습니다. 무턱대고 아이디어를 떠올리는 것보다 한결 수월해집니다.

관점이 얼마나 중요한지 이해를 돕기 위해 어느 유명 크리에이터가 주최한 아이디어 교실에서 있었던 에피소드를 소개하겠습니다.

이때 과제는 '편의점의 새로운 서비스'였습니다. 학생들은 '아이돌 콘서트를 개최한다', '상품을 헬리콥터로 배달한다' 같은 기발한 아이디어를 제출했습니다. 하지만 선생님이 보여준 모범답안은 다음과 같았습니다.

- **컵라면을 사면 그 자리에서 뜨거운 물을 부어준다**

요즘이야 당연하게 제공되는 서비스지만, 당시에는 존재하지 않았습니다. 어떤가요? 학생들의 아이디어와 비교하면 다소 밋밋하고 평범하게 느껴질지도 모릅니다. 하지만 생각해봅시다. 실현성은 둘째 치고, 편의점에서 아이돌 공연을 보고 싶어 하는 고객이 정말 있을까요? 아이돌 팬이라고 해도 좀 더 넓은 장소에서 콘서트를 보고 싶어 할 겁니다.

차로 움직이는 영업사원이라면 출출해졌을 때 '편의점에 들러서 컵라면이라도 먹어야겠다!'라고 생각합니다. 특별 활동을 마치고 집에 돌아가는 고교생이라면 '저녁 식사 시간까진 배고파서 못 참겠다!'라고 생각합니다. 이런 고객들은 아이돌 콘서트보다 컵라면에 뜨거운 물을 부어주는 쪽이 훨씬 고마울 겁니다.

'컵라면에 뜨거운 물을 부어준다'는 실제로 편의점에서 물건을 사는 고객 관점에서 생각해낸 아이디어입니다. 한편 '아이돌 콘서트를 개최한다'는 누구의 관점도 아닙니다. 구체적으로 그 서비스를 원하는 사람은 보이지 않고, 그럴듯해 보이는 것을 가져다 붙여

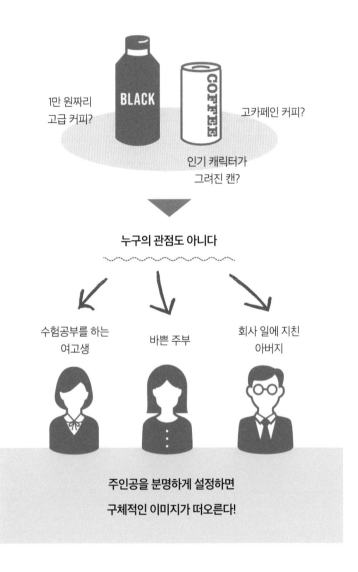

1만 원짜리
고급 커피?

고카페인 커피?

인기 캐릭터가
그려진 캔?

누구의 관점도 아니다

수험공부를 하는
여고생

바쁜 주부

회사 일에 지친
아버지

**주인공을 분명하게 설정하면
구체적인 이미지가 떠오른다!**

났을 뿐입니다.

　다양한 관점에 선다는 의미에서 아이디어를 생각해내는 사람은 배우와 통하는 부분이 있습니다. 하지만 배우와는 달리 외모도 연기력도 필요하지 않습니다. 한 번쯤 자신이 설정한 가상의 인물이 되어 생각해보길 바랍니다(해보면 의외로 재미있습니다).

자기 인터뷰

"아이디어는 기억이다"라는 말이 있습니다. '아이디어란 결코 지금 껏 없었던 뜻밖의 번뜩임이 아니다. 오히려 정반대로, 지금까지 인 풋 해 온 요소의 조합이나 변경이야말로 아이디어다.' 이 책에서 반 복해서 주장하고 있는 것을 그대로 보여주는 명언입니다.

하지만 기억을 바탕으로 아이디어를 생각해내기란 의외로 어렵 습니다. 다양한 기억에서 아이디어에 참고가 될 만한 것을 콕 집어 떠올린다는 것은 마음먹은 대로 되는 일이 아닙니다. 수첩이나 일 기에 메모해뒀다고 해도, 그것을 다시 훑어보는 작업만으로도 수고 로운 일입니다.

여기서 '자기 인터뷰'라는 방법을 추천합니다.

'그때 어떤 생각이 들었나요? 어떻게 행동했나요?' 하고 인터뷰어가 되어 자기 자신에게 질문을 던지는 겁니다. 이렇게 써놓고 보니 이상한 사람 같네요(하하). 구체적인 예를 들어 설명하겠습니다.

만약 당신이 '새로운 스포츠음료' 아이디어를 내는 일을 담당한다고 합시다. 보통은 스포츠음료에 대한 특별한 기억 같은 건 없을 겁니다. 다음의 자기 인터뷰로 어떻게 기억을 끄집어내는지 살펴보도록 하겠습니다.

[특별 인터뷰] 당신에게 있어서 스포츠음료란?

Q   스포츠음료 하면 뭔가 떠오르는 일이 없나요?

A   특별히 없어요. 운동에 소질이 없어서.

Q   스포츠음료를 마셔 본 적은 있나요?

A   마셔본 적은 있지요. 어렸을 때는 자주 마셨어요.

Q   아하, 어렸을 때! 어떨 때 마셨죠?

A   운동회나 소풍 때 물병에 담아갔어요. 분말로 만들었던 그거, 참 맛있었는데.

Q   그럼, 어른이 되고 나서 왜 마시지 않게 된 건가요?

A   어렸을 때는 강제적으로라도 운동을 해야 했지만, 어른이 되면 아니잖아요.

Q 그래도, 운동회는 그렇다 치고 소풍은 운동이 아닌데 말이죠.

A 그렇죠. 하지만 몸을 움직여야 하니까 넓은 의미에서는 운동이라고 할 수 있지 않을까요?

Q 소풍처럼 나들이는 안 가나요?

A 아뇨, 그건 하죠. 얼마 전에도 단풍을 보러 계곡에 다녀오기도 했고요.

Q 그럼, 아웃도어용 스포츠음료가 있다면 어떤가요? 야외 활동을 위한 영양 밸런스도 갖추고 있죠. 물론 분말 형태라 물통에 넣어 다닐 수도 있답니다.

A 그건 마셔보고 싶네요. 아웃도어 용품을 평소에 쓰는 사람도 많으니까 출퇴근길에 마시는 사람도 생겨날 것 같고, 텀블러 유행에도 편승할 수 있을 것 같네요.

어떤가요? 막연하게 고민하는 것보다 훨씬 효율적으로 아이디어를 낼 수 있다는 사실을 알 수 있습니다. 앞서 말한 '관점을 바꾼다'와 조합하여 자신이 아닌 누군가가 되어 인터뷰하는 것도 좋습니다. 만약 주변에 아무도 없다면 실제로 소리를 내어 인터뷰를 해보기 바랍니다.

다 큰 어른이 중얼중얼 혼잣말하고 있으면 따가운 시선을 받기 십상이라 생각을 말로 뱉을 기회가 좀처럼 없습니다. 하지만 막상 해보면 **추상적인 사고를 구체화하는 데 효과적**이라는 것을 알 수 있습니다. 가능하다면 스마트폰 녹음기능을 활용해도 좋습니다. 물론 주위에 사람이 있거나 목소리를 내는 것이 꺼려진다면 글로 써도 충분합니다.

포인트는 목소리든 글자든 상관없으니 형태로 만들어내야 한다는 점입니다. 머릿속에 떠올리는 것만으로 아이디어는 결코 구체화되지 않습니다.

거짓 기억에 주의한다

기억을 바탕으로 아이디어를 낼 때 주의해야 할 점이 있습니다. 당신이 떠올린 기억이 진짜가 아닐 수 있기 때문입니다.

앞서 예로든 "채널 전쟁은 평화로운 전쟁이다"가 그렇습니다. 대부분이 스마트폰을 사용하는 요즘, 실제로 채널 다툼을 하는 사람은 거의 없습니다. 그런데도 '가족과 함께 텔레비전이 보고 싶어지는 카피'라고 하면, 한 적도 없는 채널 다툼에 관해 씁니다.

신입 시절 연수 과정에서 '중고서점에 관한 카피를 써라'라는 과제가 나온 적이 있습니다. 한 신입사원이 이런 카피를 썼습니다.

"누군가의 밑줄이 남아 있다. 어떤 기분으로 읽었을까?"

이 카피를 본 강사는 이렇게 말했습니다.

"중고 책을 사려는데 거기에 밑줄이 그어져 있다면, 그 책을 사고 싶어질까요? 오히려 싫지 않을까요? 중고라도 깨끗한 책을 사고 싶지 않을까요?"

듣고 보니 역시 그 말이 맞았습니다.

'채널 전쟁', '중고 책에 그어진 밑줄' 같은 것을 저는 '거짓 기억'이라고 부릅니다. 요컨대 '정형화'된 이미지입니다. 어째서인지 인간의 두뇌는 진짜 기억보다 어딘가에서 각인된 거짓 기억을 먼저 떠올리곤 합니다. 이 점을 주의해야 합니다.

유의어 사전을 사용한다

아이디어는 글로 쓰는 것이라고 거듭 설명해왔지만, 어떻게 써야 좋을지에 대해서는 아직 언급하지 않았습니다. '아웃도어용 스포츠음료'처럼 정돈된 형태로 문장을 쓰려면 생각보다 정성이 필요합니다. 아무리 질보다 양이라고 해도 내용도 없는 형편없는 문장을 쓰고 싶지는 않을 겁니다.

사실, 시시한 아이디어를 내는 것도 결코 쉬운 일이 아닙니다. 이런저런 사정으로 우물쭈물하다 보면 시간만 흐르고 종이는 여전히 백지 상태. 아이디어를 떠올리는 데 자신이 없는 사람에게 흔히 보이는 패턴입니다.

우선은 아이디어를 '문장'이 아니라 '단어'로 발상하도록 합시다.

'새로운 스포츠음료' 아이디어를 내야 한다면 우선 머릿속에 떠오르는 대로 단어를 써 내려갑니다.

포카리스웨트

파워에이드

축구

땀

야구

여름

운동회

물통

어느 정도 단어를 떠올리고 난 다음에는 유의어 사전을 사용합니다. 단어 가운데 하나를 골라서 유의어를 찾아봅니다. 비슷한 의미를 가진 단어나 문장이 쭉 나오므로 그것 역시 적어나갑니다. 이 작업을 반복하다 보면 발상의 폭이 넓어집니다.

여기에서는 '땀'을 골라서 유의어 사전에서 찾아보았습니다.

구슬땀

식은땀

진땀

비지땀

땀이 주르륵 흐르다

땀에 흠뻑 젖다

땀을 뻘뻘 흘리다

땀이 송글송글 맺히다

8개의 유의어가 나왔습니다. 스포츠음료라는 문맥에서는 운동으로 흘리는 땀밖에 떠오르지 않았지만, 이외에도 다양한 종류의 땀이 있다는 사실을 알 수 있습니다. 땀을 흘리는 상황도 수면 중, 목욕 후, 옷을 두껍게 입었을 때 등 다양합니다. 최근 사우나가 인기를 끌고 있는 만큼 '사우나 직후에 마시는 스포츠음료'가 있다면, 사우나에 매일같이 드나드는 사우나 마니아들에게 인기를 끌지도 모릅니다.

자, 이렇게 아이디어 하나가 나왔습니다.

단어에 따라서는 상상하지 못했던 변형을 발견할지도 모릅니다. 아이디어뿐만 아니라 어휘력을 늘릴 수도 있습니다. 유의어 사전은 인터넷에서 무료로 이용할 수 있습니다. 저는 아이폰 유료 애플리케이션을 사용하고 있습니다. 디자인이 훌륭하고 조작도 재미있어서 요긴하게 쓰고 있습니다. 물론 종이 사전도 괜찮습니다. 각자 자신에게 맞는 사전을 찾아서 사용하면 됩니다.

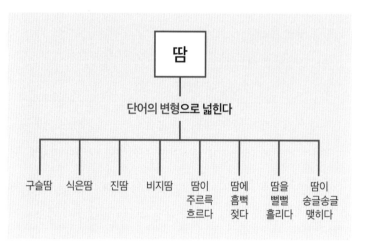

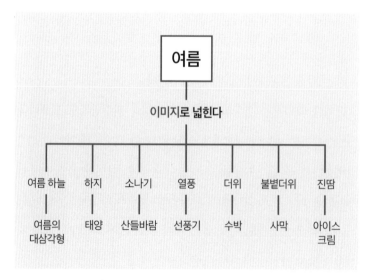

다른 일을 하면서
아이디어를 떠올린다

마이크로소프트 창업자 빌 게이츠는 해마다 세계 대부호 랭킹 상위에 오릅니다. 2019년 11월 CNN의 보도에 따르면 총자산액이 1,100억 달러에 달한다고 합니다. 이 정도가 되면 부러움을 넘어서 마치 다른 세상 이야기처럼 들립니다(하하).

시애틀 교외 워싱턴 호수 인근에 있는 저택의 면적은 약 140km^{2}입니다. 100km^{2}쯤 되는 프랑스 파리 면적보다 큽니다. 저택은 인공하천, 수중 스피커가 설치된 수영장과 바가 있는 서재, 경비실까지 갖추고 있으며 추정 가격은 1억 3,000만 달러라고 알려져 있습니다. 하나부터 열까지 스케일이 남다릅니다.

하지만 빌 게이츠에게는 잠자리에 들기 전 손수 설거지를 하는 의외의 서민적인 습관이 있다고 합니다. 다른 사람이 대신하겠다고 해도 자신이 하겠다며 양보하지 않는다고 합니다. 아마존 창업자 제프 베조스도 설거지를 즐겨한다고 알려져 있습니다. "내가 하는 일 중에 가장 섹시한 일이다"라고 말할 정도라니 참으로 신기한 일입니다.

가정부를 백 명은 족히 고용할 수 있는 대부호가 어째서 자기 손으로 설거지를 하는 걸까? 그 힌트가 되는 연구를 영국 센트럴랭커셔대학교가 실시했습니다.

피험자들은 휴대전화 주소록의 전화번호를 옮겨 적는 단순한 작업을 반복했습니다. 아무런 의미가 없는 행위였으므로 분명 따분했을 겁니다. 하지만 이후 피험자들은 작업 전보다 창의성이 높은 사고방식이 가능해졌다는 결과가 나왔습니다.

해당 대학은 이 연구를 통해 '단순 작업은 창의성을 높인다'라고 결론지었습니다. 게이츠나 베조스가 만들어 온 각종 창의적인 아이디어도 설거지라는 단순한 작업 덕분에 탄생한 것일지도 모릅니다.

종종 '샤워를 하다가 문득 아이디어가 떠올랐다'는 사람이 있습니다. 이 역시 설거지와 같은 맥락입니다. 포스트잇을 붙이거나 플로 차트를 채워 넣기보다는 전혀 크리에이티브해 보이지 않는 잡일을 하고 있을 때 창의성이 높아지기 쉽다는 이야기입니다. 이것은 뇌과학에서도 입증되었습니다.

뇌가 쉬고 있을 때 활성화되는 신경회로를 '디폴트 모드 네트워크'라고 부릅니다. 설거지나 산책, 샤워 등을 할 때는 이것이 활성화

되므로 아이디어를 떠올리기 쉬워진다고 알려져 있습니다.

코로나19의 영향으로 집에서 보내는 시간이 늘었습니다. 지금이야말로 '다른 일을 하면서 아이디어를 발상'하는 창의적인 사람이 될 기회입니다. 마지못해 집안일을 할 것이 아니라 아이디어를 의식하면서 해보길 바랍니다. 1,100억 달러는 없지만 좋은 아이디어를 떠올릴 수 있게 되지 않을까요?

무의식중에 하는 일이지만 조금은 자극이 있는 정도가 좋습니다. 저는 종종 라멘집에서 차례를 기다리면서 아이디어를 생각합니다. 마냥 서서 기다려야 하는 따분한 시간이지만, 가끔은 줄이 움직이기도 하므로 완전히 무의식에 빠지지는 않습니다. 바로 이런 점이 좋습니다.

중요한 경쟁 프레젠테이션을 앞둔 어느 날, 기분전환 삼아 단골 라멘집에 점심을 먹으러 갔습니다. 긴 줄을 기다리며 달리 할 일이 없었기 때문에 스마트폰 메모장에 아이디어가 떠오르는 대로 쓱쓱 적어나갔습니다. 그러고 나서 각 요소의 위치를 바꿔보기도 하고 지우거나 덧붙여 보았습니다.

40분 정도 지나서(이날 줄이 정말 길었습니다!) 기획서가 거의 완성되었습니다. 흡족한 수준이었기 때문에 그 자리에서 후배에게 이메일을 보내 파워포인트로 정리하도록 지시했습니다(물론 라멘집에서 줄 서 있다가 작성했다는 사실은 비밀로 했습니다). 그 결과 경쟁 프레젠테이션에서 프로젝트를 따낼 수 있었습니다.

이처럼 '뇌가 쉬고 있는 시간'을 유용하게 사용하면 운동, 청소, 칫솔질, 기저귀 갈이 등 인생 자체가 크리에이티브한 시간으로 변할 것입니다.

다만 한 가지 주의할 점이 있습니다.

따분한 회의를 효과적으로 활용하는 방법

자신에게 발언 기회는 없지만 형식상 출석해야 하는 회의처럼 따분한 일은 없습니다. 이런 회의는 유독 장시간 이어질 때가 많아서 더욱 고통스럽게 느껴집니다. '단순한 일일수록 창의성을 높인다'는 이론으로 보면 아이디어 발상을 위한 기회처럼 느껴지기도 합니다. 하지만 이것만큼은 추천하지 않습니다.

'자신에게 관계가 있기도, 없기도 한 이야기가 계속 들려오는 상태'는 인간의 창의성과 사고력을 앗아갑니다. 뒷받침할만한 연구 결과 같은 건 없는 지극히 개인적인 의견이지만, 틀림없다고 생각합니다. 물론 바쁜 시기에는 회의 중에 메모를 하기도 하지만 좋은 아이디어를 낸 적은 한 번도 없었습니다.

잡지 『에스콰이어』의 표지로 유명한 아트디렉터 조지 로이스도 이런 말을 했습니다.

"빅 아이디어를 떠올릴 때 음악을 듣지 말라. 당신이 음악을 좋아하는 사람이라면 더더욱 그렇다. 자기 자신이 멋지게 느껴지는 음악은 당신의 기분을 멋대로 바꾸고, 호소력 있는 아이디어로 특정 문제를 해결해야 하는 중요한 순간에 당신을 잘못된 장소로 이끌어버린다."

음악. 회의에서 이루어지는 대화. 모두 '자신에게 관계가 있기도, 없기도 한 이야기가 계속 들려오는 상태'입니다. 저는 라디오 듣기를 좋아하지만 일하는 중에는 듣지 않습니다.

따분한 회의는 아이디어를 내기보다 인풋을 위한 시간이라고 생각합시다. 아무리 가치가 없다고 느껴져도 한 시간 넘게 이야기하다 보면 좋은 이야기가 하나둘쯤은 나올지도 모릅니다(혹은 그렇지 않을 수도 있습니다). 아무리 생각해도 자신이 출석할 의미가 없는, 졸음이 몰려오는 회의라면 참가자의 옷차림이나 회의실 인테리어를 관찰하는 것도 좋습니다.

결과에서 역산한다

제 취미는 격투기 관람입니다. 세계 3대 이종격투기 대회 중 하나였던 '프라이드(PRIDE)'가 한창 인기였을 때는 매번 대회장에 찾아가서 관람했습니다.

전 세계 강호가 모여드는 가운데 일본인 선수 중에서는 아오키 신야라는 선수의 팬이었습니다. 화려한 굳히기 기술을 구사하며 '슈토(shooto)', '드림(DREAM)', '원(ONE)'이라는 세 개의 격투기 단체에서 세계 챔피언이 된 실력자입니다.

아오키 선수는 "결과에서 역산한다"라고 말합니다. 대전 상대 선수를 연구하면서 '이 기술로 한 판을 따내자'라는 목표를 세우고, 거기에서 역산하여 마지막 승리의 순간으로 끌고 가기 위한 시합을 구성한다고 합니다. 이 이야기를 듣고 격투기도 아이디어 발상과 같다고 생각하게 되었습니다(세계 챔피언과 비교해도 될지 모르겠지만요…).

세상에는 다양한 종류의 크리에이터가 있지만, 카피라이터인 저는 카피에 소질이 있다는 자각이 있습니다. 따라서 어떤 과제든 글을 중심으로 아이디어를 생각해냅니다. 비주얼이나 캐스팅 중심의 아이디어는 여력이 있으면 생각하는 정도입니다.

아오키 선수라면 타격보다는 굳히기로 승부를 보려고 할 겁니다. 마찬가지로 저는 영상이나 디자인이 아니라 카피로 인상에 깊이 남는 광고를 만드는 데 집중합니다. 격투기 선수든 크리에이터든 전방위로 뭐든지 가능한 사람은 없습니다. 당연히 자신의 주특기에 집중하는 편이 승률을 높일 수 있습니다.

단점을 발견한다

주특기가 없다고 말하는 사람도 있습니다. 하지만 괜찮습니다. 지름길 같은 건 없지만, 시간은 조금 걸려도 계속해서 아이디어를 떠올리다 보면 반드시 발견할 수 있습니다. 자신의 주특기를 알게 되면 좋은 아이디어를 내는 요령이 생깁니다. 매번 100개까지 생각해낼 필요가 없어지므로 한결 편해집니다.

주특기를 발견하는 일은 단점을 발견하는 일이기도 합니다.

신입 시절 저는 줄줄이 히트작을 만들어내던 어느 광고 플래너와 함께 일한 적이 있습니다. 그는 평소에도 재미있는 이야기를 많이 하는 사람입니다. 다른 사람을 웃기는 것을 좋아해서 회의에서도 매번 특유의 입담으로 분위기를 띄우곤 합니다. 그는 자신의 특기를 살려 재미있는 이야기를 하는 인물이 등장하는 광고를 기가 막히게 잘 만듭니다. 가까이서 지켜보면서 '이건 절대로 따라 할 수가 없겠다'라고 생각했습니다. 저는 말수가 적은 편이고 사람을 웃기는 데 소질이 없습니다. 그때부터 대화보다는 캐치프레이즈 중심의 광고 만들기에 중점을 두기로 했습니다.

훌륭한 크리에이터는 대부분 하나의 패턴을 보입니다. 만화가 후지코 F 후지오는 『도라에몽』, 『키테레츠 대백과』, 『포코냥』 등 평범한 가족이 기묘한 식객과 함께 살아가는 만화를 그려왔습니다.

제임스 카메론 감독의 영화에는 매번 역경을 헤쳐 나가는 강인한 여자 주인공이 등장합니다. 「타이타닉」, 「터미네이터」, 「에일리언 2」 등이 그렇습니다. 자신의 주특기를 잘 알고 있는 것입니다.

다만 소질이 없는 분야라도 공부를 소홀히 해서는 안 됩니다. 앞에서 언급한 아오키 신야 선수도 자신의 특기는 굳히기지만 킥복싱도 병행해서 훈련하고 있습니다. 시야를 넓힐수록 주특기는 더욱 강력한 힘을 갖게 됩니다.

조합한다

'아이디어란 오래된 요소를 조합한 것'이라는 정의처럼 각종 요소를 모조리 조합해보는 것도 방법입니다. 처음에는 전혀 관계가 없어 보이는 단어끼리 조합해봅니다. '로봇'과 '스시', '축구'와 'F1 레이스', '티슈'와 '연필깎이'. 앞서 바람직하지 않은 아이디어의 예로 들었던 '편의점'과 '아이돌 콘서트'도 조합에 의한 발상입니다. 일단 좋고 나쁨에 대한 판단은 뒤로하고 계속해서 조합해나갑니다.

그러다 보면 드물게 **전혀 다른 요소인데 딱 들어맞는** 조합을 발견하기도 합니다. 이것이야말로 좋은 아이디어입니다.

2009년 '도요타' 광고 가운데 '어린이 지점장'이라는 시리즈가 있었습니다. 도요타 딜러의 지점장을 맡은 어린이가 다양한 서비스를 소개한다는 콘셉트입니다.

'어린이'와 '지점장'이라는, 현실에서는 있을 수 없지만 딱 들어맞는 조합이 이 광고 최대의 성공 요인입니다. 만약 아저씨 지점장이었다면 자연스러웠겠지만 재미는 없었을 겁니다.

해외에 '난민 국가(The Refugee Nation)'라는 유명한 캠페인이 있습니다. 2016년 리우데자네이루 올림픽에 '난민 선수단'이 참가했습니다. 전 세계 난민을 대표하여 열 명의 난민 선수가 대회에 참가한 것입니다. 모두 자신의 모국에서 도망쳐 나왔기 때문에 입장할 때 국기를 걸거나 국가 연주를 하는 일은 없었습니다.

거기서 떠올린 것이 '난민 국가'입니다. 난민 선수단을 '난민 국가'라는 가상의 국가 출신으로 간주하고 국기와 국가를 새로 만들었습니다. 국기는 오렌지색 장방형에 검은 라인이 가로로 들어간 단순한 디자인입니다. 난민이 보트에 탈 때 착용하는 구명조끼를 모티브로 하여 만들었습니다.

올림픽과는 무관하게 만들어진 비공식 국기이므로 대회에서는 국기 사용을 인정받지 못했습니다. 하지만 인기가 높아지면서 응원에 사용하는 관객이 잇따르자, 대회 종반에 이르러서 사용을 허가받았습니다. '난민'과 '국가'라는 정반대라고도 할 수 있는 요소를 조합한 성공사례입니다.

좋은 아이디어를 발견하고 무엇과 무엇을 조합했는지 분석해보는 작업은 아이디어 발상에 많은 도움이 됩니다. 예를 들어보겠습니다.

- 사랑의 불시착 = 북한 문제 × 로맨틱 코미디

- 노트(note)[*] = 블로그 × 소셜미디어

- 애플 워치 = 아이폰 × 손목시계

하다 보면 어느 정도 거리감이 있는 것끼리 조합해야 재미있을지 감으로 알 수 있게 됩니다.

---

[*]   www.note.com, 기존 블로그 형식에서 발전해 크리에이터가 투고한 글이나 그림 등을 매거진 형식으로 묶어 양질의 콘텐츠를 유료 형식으로 판매할 수 있게 한 미디어 플랫폼이다.

부정적인 발상

불만,

입 밖으로 내면 푸념.

글로 쓰면 문학.

이것은 아이치현 마쓰야마시가 주최하는 '도련님 문학상'의 카피입니다. 문학의 본질을 훌륭하게 집어내고 있습니다. 그러고 보니 문호라고 하면, 적극적으로 시원시원하게 말을 내뱉는 인물상은 잘 떠오르지 않습니다. 어딘가 꼬여 있고 내면의 고통을 글로 뱉어내는 듯한 느낌이 강합니다(완벽한 편견입니다!!).

문학뿐만이 아니라 아이디어도 그렇습니다. '아이디어'라는 말에는 세련되고 건설적이고 긍정적인 느낌이 있습니다. 실제로 좋은 아이디어는 세상에 긍정적인 변화를 가져옵니다. 하지만 아이디어를 내는 과정이 항상 긍정적이지는 않습니다. 종종 부정적인 감정을 계기로 긍정적인 아이디어가 생겨나기도 합니다.

일본 유명 블로거이자 작가로 활약하는 하아츄는 이런 코멘트를 남겼습니다.

> '화를 낸 경험은 돈이 된다'고 생각합니다. 저는 화가 나는 상황을 그냥 지나치지 못합니다. 'OB 모임에 나온 대학생의 세상을 얕보는 듯한 태도가 짜증난다'거나 '아저씨가 같이 밥을 먹자고 제안해놓고 택시비도 주지 않는다'거나 하는 느낌입니다 (하하).
>
> -하시구치 유키오, 『100만 번 공유되는 카피』 중에서

불평이나 짜증 같은 부정적인 감정은 인간성의 본질적인 부분과 닿아 있어 아이디어를 내는 데 적절한 힌트가 됩니다. 만약 당신이 부정적인 사고방식을 갖고 있거나 불만으로 가득 찬 성격이라면, 창의적인 사람이 될 소질이 충분합니다. 부정적인 발상에서 아이디어를 내는 방법을 꼭 한번 시도해보길 바랍니다.

그러려면 평소에 부정적인 감정을 조금은 기억해두는 것이 좋습니다. 이를테면 다음과 같습니다.

로그인할 때마다 패스워드를 입력하기 귀찮다. 까먹을 때도 많고.

➡ 패스워드가 없어도 보안이 튼튼한 전자상거래(EC) 사이

트를 만들 수 없을까?

스마트폰으로 얼굴인식 할 때마다 마스크를 벗기가 번거롭다.

➡ 눈이나 음성으로 인식하는 시스템을 탑재할 수는 없을까?

신발 끈을 묶기 귀찮다. 매듭이 자꾸 삐뚤어지기도 하고.

➡ 신발 끈이 없는 스니커즈를 개발할 수 없을까(이것은 나이

키가 실제로 발매했습니다)?

이처럼 얼마든지 생각해낼 수 있습니다.

음성으로 소통하는 새로운 소셜미디어 '클럽하우스'도 '유튜브
나 틱톡을 해보고 싶지만 얼굴을 드러내는 건 거부감이 든다'라는
불만에서 탄생했을 것으로 추측됩니다. 클럽하우스에서는 30~40
대 이상의 사업가나 회사원들이 주축이 되어 활발히 활동하고 있
습니다. 세대 측면에서나 사회적 위치 측면에서나 영상으로 얼굴을
드러내기에는 거부감을 느껴왔던 사람들입니다.

저도 부정적인 사고에서 출발하여 아이디어로 이어졌던 경험이
있습니다.

일본의 구강관리 제조업체 썬스타는 2016년에 '검플레이(G.U.M PLAY)'라는 제품을 발매했습니다. 해당 제품은 칫솔에 작은 기기를 부착하여 스마트폰과 연동시킨 후 양치질을 할 때, 치위생사의 양치 데이터를 바탕으로 어금니를 더 오래 닦으라는 조언을 해주거나, 아이들이 재미있게 이를 닦을 수 있도록 세균과 싸우는 게임 기능을 제공합니다. 매일 반복하는 양치질을 새로운 체험으로 바꿔주는 겁니다(지금도 판매되고 있습니다).

'양치질을 재미있는 엔터테인먼트로 만들자!' 그런 긍정적인 분위기가 느껴지는 '검플레이'지만 출발점은 정반대였습니다. 제가 이 제품에 쓴 캐치프레이즈는 이렇습니다.

- **양치질을 '해야 한다'에서 '하고 싶다'로**

'양치질이 하고 싶어서 하는 사람은 없다. 충치가 생기지 않도록 계속해온 습관이기 때문이거나 모두가 의무감에서 하고 있을 뿐이다. 마지못해 하고 있는 양치질이지만, 하고 싶어서 하게 된다면 인생이 달라지지 않을까?' 이렇게 제안하는 편이 많은 사람에게 공감을 얻으리라 생각했습니다.

이처럼 일상 속에 숨어 있는 '작은 부정적인 사고'는 적절한 아이디어의 재료가 됩니다. 하지만 주의해야 할 포인트가 하나 있습니다. 일할 때는 부정적인 생각을 머릿속에만 담아두고, 결코 말로 뱉지 않도록 주의해야 합니다.

"나쁜 말을 내뱉으면 나쁜 말은 반드시 자신을 나쁜 곳으로 데려간다. 좋은 말을 하면 좋은 말은 반드시 자신을 좋은 곳으로 데려간다." 트위터 팔로워 수 6.4만 명을 자랑하는 『글 잘 쓰는 법, 그딴건 없지만』의 저자 다나카 히로노부는 이렇게 말합니다. 매사 부정적인 말을 하는 사람에게는 부정적인 일이 꼬입니다. 이것은 정신론이 아니라 지극히 이론적이고 현실적인 흐름입니다.

생각해봅시다. 당신이 회사의 사장이라면 항상 부정적인 말을 하는 부하에게는 부정적인 일을 맡기게 되지 않을까요? 반대로 긍정적인 일은 긍정적인 사람에게 맡기지 않을까요?

그렇지만 인간은 누구나 한 번쯤은 불만이나 험담을 말하고 싶어질 때가 있습니다. 그럴 때는 연인이나 파트너, 학창 시절 친구 등일과 상관없는 인간관계 안에서 발산하는 것이 좋습니다. 물론 사적인 관계여도 들어주는 상대에게 감사하는 마음은 잊지 말아야합니다.

뒤집어서 생각한다

사람들의 주의를 끄는 가장 빠른 방법은 '당연하지 않은 행동'을 취하는 것입니다. 추리소설이 재미있는 이유는 범인이 아닐 것 같은 사람이 범인이기 때문입니다. 위협적이고 겉보기에도 악당처럼 보이는 사람이 범인이라면, 아무도 그 소설을 읽지 않을 겁니다.

당연함을 뒤집어서 큰 성공을 거둔 아이디어의 사례로 앞서 말한 클럽하우스를 들 수 있습니다. 소셜미디어가 난립하는 요즘, 유저를 늘리려면 당연히 가입 장벽을 낮추어야 합니다. 하지만 클럽하우스는 정반대의 방법을 택했습니다. 기존 유저에게 초대를 받아야 가입할 수 있는 초대제도를 도입하여 장벽을 높인 것입니다. 게다가 최초에 설정된 초대 인원은 개인당 두 명뿐입니다.

이를 계기로 클럽하우스는 단기간에 폭발적인 주목을 받았습니다. '초대받은 사람만 들어갈 수 있다'고 하면 오히려 애가 닳아 들어가고 싶어지기 마련입니다. 게다가 가입한 후에는 자랑하고픈 마음에서라도 타인을 초대하고 싶어집니다. 자연스러운 인간의 심리를 이용한 훌륭한 아이디어입니다. 애플리케이션 디자인도 세련된 데다가 '선택받은 사람들의 장소'라는 점이 강조되어 있습니다.

해외 사례를 하나 더 살펴봅시다. 미국 아웃도어 전문 브랜드 레이(REI Co-op)가 2015년에 실시한 '#밖으로 나가자(#OptOutside)'라는 캠페인입니다.

미국에서 11월 넷째 주 금요일은 '블랙 프라이데이'라고 불립니다. 추수감사절 다음 날인 이날은 많은 기업이 쉽니다. 따라서 휴일에 외출하는 사람들을 타깃으로 소매점 등에서 대규모 세일을 실시합니다. '적자 매장도 하루 만에 흑자로 돌아서는 날'이라는 것이 블랙 프라이데이의 유래입니다.

그러나 연중 최대 비즈니스 기회임에도 레이는 세일을 실시하지 않았습니다. 세일은커녕 전체 151개 점포의 문을 닫고 온라인 판매도 중단했습니다. 레이의 주요 고객은 아웃도어 라이프를 즐기는 사람들입니다. 모처럼 맞이한 휴일에 인파로 붐비는 세일 매장보다는 자연 속에서 건강한 시간을 즐기길 바란다는 판단에서입니다. 게다가 레이는 약 1만 2,000명의 사원에게 유급휴가를 주고 가족이나 친구와 아웃도어를 즐길 수 있도록 했습니다.

뒤집어 생각해서 성공한 사례

마르셀 뒤샹의 「샘」

지금껏 예술과 상극에 있던 것을 예술로 승화시켰다.
20세기 가장 중요한 미술 작품 가운데 하나.

스타벅스 일본 1호점

매장 내 금연 시행.
'커피숍＝흡연하는 곳' 이라는 당연함을 뒤집었다.

'#밖으로 나가자'는 큰 반향을 일으켰고 레이의 소셜미디어 코멘트는 7,000% 상승하고, 27억 번의 인상적인 PR 노출을 했습니다. 쇼핑 대신 아웃도어를 선택한 사람은 약 140만 명이나 됐습니다. 더욱이 150곳이 넘는 다른 매장들도 레이의 뜻을 이어 휴업했고, 수천 개의 국립공원이 당일 부지를 무료로 개방했습니다. '모두가 세일을 할 때, 하지 않는다'라는 심플한 아이디어가 광고 캠페인을 넘어 사회적인 현상이 된 것입니다.

2장에 나온 '인풋 스킬 ① 관찰, 관찰, 관찰'에서도 '당연한 것은 없다'라고 말했습니다. 당연함을 발견했다면 일단 뒤집어서 생각해 보는 습관을 들여보길 바랍니다.

빈손으로
회의 참가 금지

무언가를 만들어내는 일은 본질적으로 고독한 행위입니다. 자신의 내면과 대화하면서 계속해서 아이디어를 생각해내야 합니다. 하지만 어느 정도 떠올리고 나면 외부 세계로 나가야 합니다.

그것이 '아이디어 회의'입니다. 당신이 고독하게 창조해낸 아이디어는 클라이언트나 상사, 동료 등 복수의 인물과 논의를 통해 비로소 실현되는 것입니다.

아이디어 회의의 진행이 어려운 것은 모두가 실감할 것입니다. 고생해서 내놓은 아이디어는 그야말로 자기 분신이나 다름없습니다. 그것을 사람들 앞에 내보이고 논의하는 것만으로도 상당한 스트레스입니다. 껄끄러운 의견이 나오면 감정이 격해지기도 합니다. 반대로 타인의 아이디어에 말을 보태는 것도 신경이 쓰이는 일입니다.

좋은 아이디어 대신 목소리 큰 사람의 아이디어가 통과되는 일도 종종 있습니다.

솔직히 고백하자면 저는 아이디어 회의를 좋아하지 않습니다(하하). 본래 혼자 있는 것을 좋아하는 성격이므로 여러 명이 모이면 금세 긴장합니다. 지금도 여전히 회의 후에 제 서툰 언동을 반성하며 낙담할 때가 있습니다.

하지만 제 나름대로 어떻게 하면 아이디어 회의를 극복할 수 있는지에 대한 노하우가 생겼습니다. 서툰 만큼, 어쩌면 재능을 타고난 사람들의 조언보다는 참고가 될지도 모릅니다.

지금부터는 '아이디어 스킬 번외편'으로 생산적인 아이디어 회의를 진행하는 5가지 방법을 소개하겠습니다. 우선 **회의에 아이디어 없이 참석하지 않는 것**이 대전제입니다. 사전에 아무것도 생각하지 않고 회의에 출석해서는(광고업계에서는 '빈손'이라고 말합니다) 그 자리에서 아이디어를 생각해내겠다고 하면 절대 안 됩니다.

회의에서는 토론의 내용 이상으로 '문맥'이나 '분위기'가 중시되므로 추상적인 결론에 도달하기 쉽습니다. 따라서 미리 생각해온 구체적인 아이디어를 바탕으로 토론할 필요가 있습니다. 이 과정을 건너뛰면 아무리 이야기를 나눠도 명확한 결론이 나지 않고 끙끙거리며 시간만 보내는 한심한 회의가 되어버리고 맙니다.

과거에는 빈손으로 모여서 아침까지 이야기를 질질 끌다가 아이디어를 내는 팀도 있었습니다. 두말할 나위 없이 이런 방법은 이미 시대에 맞지 않습니다. 애초에 모두가 아이디어를 갖고 모였다면, 한 시간 만에 회의를 끝낼 수 있었을지도 모릅니다.

아이디어는 반드시 종이에 출력하거나 혹은 파워포인트나 키노트로 슬라이드화합니다. 앞서 말했듯 복잡하게 만들 필요는 없습니다. 큰 글씨로 심플하게 적습니다.

말로 설명하기 위한 아이디어는 아이디어가 아닙니다. 반드시 문자로 쓰여 있어야 합니다.

리더를 정한다

취업 면접이나 기업연수에서 아이디어를 내는 그룹워크에 참가해 본 사람이 많을 겁니다. 저는 이 그룹워크를 정말 싫어합니다. 말하기 부끄럽지만 이런 모임에서 좋은 결과를 낸 적이 단 한 번도 없습니다. 테이블 중앙에 색색의 펜과 포스트잇이 놓여 있는 광경을 떠올리기만 해도 기분이 우울해집니다.

제 커뮤니케이션 능력이 부족한 탓일지도 모릅니다. 하지만 실제 현장에서 활약하고 있는 사람이 그룹워크에서도 그런가 하면, 꼭 그렇지만은 않은 것 같습니다. 그룹워크 진행이 쉽지 않은 데는 이유가 있습니다. 그룹워크와 실제 아이디어 회의의 가장 큰 차이점은 **리더가 없다**는 점입니다.

광고회사의 아이디어 회의에는 반드시 '크리에이티브 디렉터'라고 불리는 리더가 출석합니다. 말 그대로 방향성을 정하는 리더입니다. 토론에서 분쟁이 일어나면 교통정리를 해주고, 최종적으로 어느 아이디어를 고를지도 정해줍니다(간혹 해주지 않는 사람도 있긴 합니다…).

회의에는 다양한 크리에이터가 모입니다. 전문 분야나 성격, 나이 등 모든 것이 제각각입니다. 그런 모두를 통솔하는 크리에이티브 디렉터가 있기 때문에 생산적인 토론이 가능한 것입니다. 이것은 광고업계뿐만 아니라 모든 업계가 마찬가지입니다. 프로젝트 리더 등 회의를 세팅한 인물이 반드시 존재합니다.

그러나 워크숍에는 리더가 없습니다. 평소 함께 일을 하던 사이도 아닌 사람들끼리 모여서, 갑자기 머리를 맞대고 생각해야 하는 상황에 던져집니다. 이래서는 좋은 결과가 나올 리가 없습니다.

더구나 소극적인 성향이 강한 동양인끼리입니다. 조심스럽게 토론을 시작해보지만, 이야기는 활기를 띠지 못하고 제한 시간이 다 되어서야 어찌어찌 결정한 아이디어로 마무리합니다. 객관적으로 좋은 아이디어가 아니라 목소리 큰 사람의 의견이 채용됩니다. 대부분 그렇지 않은가요?

아이디어 회의에서는 반드시 리더를 정합니다. 상사나 선배 등 다른 상황에서도 리더 역할을 하고 있는 사람이라면 모두가 납득할 수 있을 겁니다.

자신이 아직 어리고 회의를 맡는 것이 부담스럽다면 상사나 선배에게 리더 역할을 부탁하면 됩니다. 부탁받은 쪽도 기분이 나쁘지는 않을 겁니다. 나이나 직함에 연연하지 않고 회의를 열자고 제안한 사람이 리더가 되는 것도 방법입니다.

그룹워크에 아무런 연고도 없는 멤버가 모인 경우라면, **차라리 당신이 리더가 되어도 좋습니다**. 그렇다고 해도 "제가 리더를 맡겠습니다!"라고 선언하는 것은 조금 민망한 일입니다. 걱정하지 않아도 됩니다. 사실 굳이 그런 말을 할 필요도 없습니다. 지금껏 설명해왔듯이 누구보다 많은 양의 아이디어를 내면 됩니다.

그러면 **자연스럽게 당신이 리더라고 인정받게 될 겁니다.**

다 같이 발전시킨다

애써서 생각해낸 100개의 아이디어 가운데 하나를 골라 회의에 내놓습니다. 자신의 아이디어가 통과되기를 염원하는 긴장되는 순간입니다.

하지만 냉정하게 생각해야 합니다. 회의의 목적은 자신의 아이디어를 통과시키는 것이 아닙니다. 좋은 아이디어를 고르는 것입니다. 자기 아이디어를 고집하다 보면 회의 자체가 고통스러워집니다. 부정적인 생각이 점점 부풀어 올라, 오히려 통과되지 못하게 되는 악순환이 일어납니다.

타인이 자신보다 좋은 아이디어를 냈다면 깨끗이 인정합니다. 그리고 그것이 통과될 수 있도록 지지합니다. 만약 그 아이디어가 세상에 나와 성공하면 그것은 당신의 공적이기도 합니다.

타인의 아이디어를 보고 '이렇게 하면 더 좋아질 것 같다'라는 생각이 들었다면 주저 말고 발언합니다. 물론 자신에 대한 타인의 의견도 적극적으로 받아들여야 합니다. 누군가의 아이디어를 그저 선택하는 것뿐이라면, 회의를 거치지 않고 이메일로 결정해도 충분합니다. 다 같이 이야기를 나누고 아이디어를 발전시켜가는 것이 회의의 묘미입니다.

그렇다면 어떻게 아이디어를 발전시켜갈 것인가? 구체적인 예를 들어보겠습니다.

『오니헤이한카초(鬼平犯科帳)』라는 시대 만화의 광고를 담당한 적이 있습니다. 이케나미 쇼타로의 소설을 『고르고 13』의 작가 사이토 타카오가 만화화한 작품입니다. 클라이언트는 "만화화 25주년을 기념하여 평소 잘 읽지 않는 젊은 세대에게도 오니헤이라는 인물의 매력을 전하고 싶다"라며 의뢰해왔습니다.

이 프로젝트에서 저는 크리에이티브 디렉터를 맡았습니다. 리더로서 모두의 아이디어를 종합해야 합니다. 회의에서 팀원들은 다양한 아이디어를 내놓았습니다. 그 가운데 '순정만화풍 표지디자인의 스페셜 단행본을 발매한다'라는 아이디어가 있었습니다.

오니헤이는 '화부도적개방'이라는 곳에 소속된 특별 경찰로, 각종 흉악범을 잡는 인물입니다. 고지식해 보이지만 사실은 애처가입니다. 극 중에 부인과 알콩달콩 지내는 장면이 종종 등장합니다. 그런 에피소드만 모아서 젊은 여성을 타깃으로 단행본을 만들자는 아이디어였습니다.

화제가 되리라 확신했기 때문에 곧 클라이언트에 제안하는 아이디어로 채용했습니다. 하지만 여기서 만족해서는 안 됩니다. 누군가가 좋은 아이디어를 내면 더 발전시킬 부분이 없을지 함께 논의해야 합니다. **좋은 아이디어는 더 좋은 아이디어를 끌어냅니다.** 만약 이 시점에서 논의가 활발해지지 않는다면, 원래의 아이디어가 정말 좋은지 아닌지를 의심하는 것이 좋습니다.

다 함께 이야기한 결과, '순정만화뿐만 아니라 라이트노벨이나 BL만화풍 표지도 만든다'라는 아이디어로 발전시켰습니다. 클라이언트의 평가는 좋았지만, 예상대로 순순히 흘러가지 않는 것이 비즈니스입니다. 여러 가지 사정으로 단행본 발매는 불가능하다는 결론이 났습니다.

그렇다고 여기에서 포기하면 안 됩니다. 책 표지가 아니더라도, 순정만화나 라이트노벨풍으로 그린 오니헤이는 한 번만 봐도 인상에 강하게 남는 임팩트가 있습니다. 그래서 "단행본 발매가 어렵다면 포스터로 제작해서 서점에 붙이면 어떨까요? 소셜미디어에서 화제가 될 것으로 기대됩니다"라고 제안했습니다. 그 결과 포스터는 트위터에서 '리트윗 6만, 마음에 들어요 5만'을 기록하며 히트작이 되었습니다.

만약 누군가 한 명이라도 '타인을 이겨서 내 아이디어를 통과시킬 테다!'라는 마음을 갖고 있었다면 이렇게 성공할 수는 없었을 겁니다.

- 하나의 재료를 가지고 다양한 변형할 수 없을까?
- 더 재미있어지려면 어떻게 전개해야 좋을까?
- 아이디어를 더욱 발전시키기 위해 내가 할 수 있는 일은 없을까?

아이디어 발상은 뮤지션들의 잼 세션과 닮아 있습니다. 서로 의견을 내세우는 방법이나 반응을 살피면서 유연한 태도로 회의에 임하는 것이 중요합니다.

24시간 보류한다

"어떻게 아이디어를 통과시키나요?"

강연 중에 정말 자주 듣는 질문입니다.

혼신의 아이디어가 클라이언트나 상사에 의해 기각된 경험이 누구나 있을 겁니다. 완고한 윗사람들을 설득하지 않고는 아이디어를 실현시킬 도리가 없다. 그렇게 생각하는 것도 어쩌면 당연합니다.

하지만 저는 아이디어를 '통과시킨' 적이 단 한 번도 없습니다. 클라이언트의 파트너로서 함께 아이디어를 만든다는 자세로 임합니다. 만약 당신이 클라이언트나 상사라면 '아이디어를 통과시킬 테다!'라는 태도로 밀어붙이는 사람을 어떻게 느낄까요? 그다지 달갑지는 않을 겁니다. 아이디어가 좋은지 나쁜지를 판단하기 이전에, 그 공격성에 압도되어 신뢰 관계를 쌓기가 어려워집니다. '통과시킨다'라고 접근하면 오히려 통과되지 않습니다.

　아무리 좋은 아이디어라고 생각되어도 고집해서는 안 됩니다. 비즈니스에서는 생각대로 되지 않는 경우가 훨씬 많습니다. 자신의 아이디어를 고스란히 세상에 내놓는 일은 거의 불가능하며, 그럴 필요도 없습니다. 앞에서도 이야기했지만 중요한 것은 좋은 아이디어를 세상에 내놓는 것입니다.

　종종 아이디어를 본래 뜻과 다르게 변경하도록 요구받기도 합니다. 아이디어는 자신의 분신과도 같은 만큼, 자기도 모르게 화가 치밀어 오르는 것도 이해는 됩니다. 하지만 **어떤 의견이라도 우선은 귀를 기울이고 검증하는 습관을 들여야 합니다.**

　그 자리에서 반론해서는 안 됩니다. '뭐? 제대로 알지도 못하면서'라고 화가 날 때일수록 반드시 '일단 보류'합니다. 클라이언트나 상사는 좋든 나쁘든 당신과는 전혀 다른 관점에서 아이디어를 바라보고 있습니다. 그들의 피드백은 발상을 발전시키는 기회가 되기도 합니다.

　비즈니스 현장에서 활약하고 있는 사람들은 모두 이런 일에 능합니다. "이건 말이 안 되잖아요…"라는 클라이언트의 피드백을 받고, 그것을 이용하여 아이디어를 더욱 개선하는 사람을 많이 봐왔습니다. 반대로 시원찮은 사람일수록 자신의 아이디어를 고집하고 껄끄러운 피드백을 받으면 감정적으로 거절합니다.

일단은 '보류'합니다. 하루 정도, 아니 한 시간만이라도 보류하고 나면 시끄러웠던 마음이 조금은 가라앉습니다. 그럼에도 불구하고 아무래도 **납득할 수 없는 변경을 요구받았을 때는 가능한 한 이성적으로 솔직하게 그 뜻을 전달합니다.** 그 변경이 아이디어를 망치고 클라이언트나 상사에게도 손해라는 점을 논리적으로 설명해야 합니다. 절대로 감정적으로 대응해서는 안 됩니다.

평소 어떤 의견이라도 귀를 기울이고 진지하게 대응한다면, 분명 당신의 의견도 한결 잘 받아들여지게 될 겁니다.

① **질보다 양** 　우선은 많이 생각해내는 것에 초점을 맞춘다.

② **포스트잇 금지** 　멋들어진 문구는 발상을 방해한다. 어디에나 있는 A4 용지로 충분하다.

③ **파워포인트 금지** 　파워포인트는 형태를 잡는 툴이다. 아이디어 발상에는 사용하지 않는다.

④ **이미지 금지** 　좋은 아이디어는 글자만으로 설명할 수 있다.

⑤ **툴은 불필요하다** 　무조건 직접 손을 움직여서 쓴다.

⑥ **여백을 활용한다** 　새하얀 종이를 채우는 것이 힘들 때는 광고전단 여백에 쓴다.

⑦ **시간을 정한다** '시간이 남으면 한다'는 '평생 하지 않는다'와 같은 말이다.

⑧ **관점을 바꾼다** 회사원, 주부, 어린아이 등 카멜레온 같은 배우가 되어본다.

⑨ **자기 인터뷰** 묻혀 있던 진짜 기억을 끄집어낸다.

⑩ **유의어 사전을 사용한다** 단어를 고르고 문어발식으로 발상을 확장시킨다.

⑪ **다른 일을 하면서 아이디어를 떠올린다** 설거지, 청소 등 단순 작업이야말로 인간을 창의적으로 만든다.

⑫ **결과에서 역산한다** 필살기에 집중한다. 뭐든지 잘하는 사람은 없다.

⑬ **조합한다** 다른 조합에서 새로운 관계성을 발견할 수 있다.

⑭ **부정적인 발상** 불평이나 불만이야말로 아이디어의 재료가 된다.

⑮ **뒤집어서 생각한다** '당연함'을 뒤집어서 생각하는 습관을 들인다.

제 4 장

최고의 아이디어를
고르는 방법

4

왜 좋고 싫음으로 판단하면 안 되는가?

미술 관련 강의에서 "자기 느낌대로 작품을 감상하면 된다" 같은
말을 들어본 적 없나요? 안타깝지만 이것은 감상자로서 잘못된 태
도입니다.

모든 예술 작품에는 테마나 작가의 의도, 작품이 놓인 문맥, 높은 평가를
받는 이유가 있습니다. 그런 부분을 읽어내지 않고 작품을 이해하는
것은 불가능합니다. '멋지다'라는 감상만으로 교양이 깊어지거나
인생이 풍요로워지지는 않습니다.

예술을 취미로 즐기는 사람이라면 그렇게 해도 괜찮습니다. 하지
만 비즈니스 현장에서 일하는 사람이 아이디어를 마주하는 태도

로서는 실격입니다. 아이디어의 프로는 절대로 좋고 싫음으로 아이디어를 판단하지 않습니다. 반드시 구체적인 기준으로 좋은 아이디어를 선택합니다.

이것이야말로 프로와 그렇지 않은 사람을 가르는 가장 큰 차이입니다.

공감과 발견

누구든지 아이디어를 100개나 생각해내면, 그 가운데 좋은 아이디어가 하나쯤은 들어 있습니다.

- 하지만 100개에서 '이거다!' 싶은 아이디어를 골라내기 위해서는 어떻게 해야 할까?
- 최고의 아이디어가 아닌, 그저 그런 99개의 아이디어 가운데 하나를 선택해버리면, 애써 100개를 생각해낸 노력도 물거품이 되어버리지 않을까?

'좋은 것과 나쁜 것을 구별 못 할 리가 없다'라고 생각할지 모릅니다. 하지만 당신이 그다지 좋아하지 않는 영화나 만화, 음식 등이 공전의 히트를 기록하는 일이 비일비재하게 일어납니다. 몇 해 전에 일본에서 유행한 '타피오카 밀크티(버블티)'야말로 제 예상 밖의 일이었습니다.

예를 들어 '젊은 여성을 위한 새로운 디저트 아이디어'를 떠올린다고 상상해봅시다. 찹쌀 멜론빵, 흑당 쇼트케이크, 치즈 셰이크 등 머리를 짜내어 아이디어 100개를 생각해냅니다. 그리고 그 안에 '타피오카 밀크티'라는 아이디어가 있습니다. 당신은 열거된 100개의 아이디어 가운데 타피오카 밀크티를 고를 자신이 있습니까?

저는 자신 없습니다. 아마도 제 눈에 맛있어 보이는 흑당 쇼트케이크를 골랐을 겁니다(하하).

아이디어는 자신 이외의 누군가에게도 가치가 있어야 합니다. 그런데 힘들게 생각해낸 아이디어는 자기 분신이나 다름없습니다. 내용이 어떻든 자기 자신에게는 가치가 있습니다. 객관적으로 바라보기가 어렵고 자기도 모르게 주관적인 '좋고 싫음'으로 판단하기가 쉽습니다.

신입 시절 저를 가장 힘들게 했던 것이 바로 이 문제였습니다. 어떻게든 아이디어 100개는 써넬 수 있게 되었지만, 제가 좋다고 생각한 카피가 좋은 평가를 받지 못했습니다. 게다가 다른 사람이 쓴 전혀 좋지 않은(이라고 당시 제가 생각했던) 아이디어가 높은 평가를 받았습니다. 매일같이 이런 일이 반복되다 보니 정신적으로 궁지에 몰리고 말았습니다.

그렇다고 아무런 노력을 하지 않은 것은 아닙니다. 업무와 관련이 있어 보이는 책은 모조리 찾아 열심히 읽었습니다. 훌륭한 카피를 필사해보기도 했습니다.

하지만 여기에서도 같은 문제가 일어났습니다. 종종 저에게 와닿지 않는 카피가 명작으로 소개되어 있었던 것입니다. 예를 들면 다음과 같은 카피입니다.

놀고 있는 게 아니다.

월급에 맞게

일하고 있는 것이다.

위스키 광고('산토리 리저브', 1989년)의 카피입니다. 재능도 실적도 없는 신입 시절의 저는 '지친 샐러리맨인가 보네. 왜 이게 명작일까?'라며 주제넘은 생각을 했었습니다. 이것은 히트곡을 듣고 '요즘 사람들은 수준이 낮아'라며 요점에서 벗어난 불평을 하는 사람과 다르지 않습니다. 이런 태도로는 일에서 성과를 낼 리가 없습니다.

히트작을 만드는 2가지 기준

그런 우울한 하루하루를 보내던 저에게 전환기가 찾아왔습니다. 수많은 광고를 히트시키며 회사 내에서 에이스로 주목받던 선배 카피라이터와 함께 일을 하게 된 것입니다. 입사 이래 처음 얻은 중요한 기회에 의욕이 넘친 저는 100개가 아니라 수백 개의 카피를 준비했습니다. 그렇게 사전처럼 두꺼워진 카피 뭉치를 품에 안고 회의실로 향했습니다.

당시 회의는 아날로그 그 자체였습니다. A4 용지에 인쇄된 카피를 테이블에 늘어놓다 보면 어느새 사방이 글자로 꽉 차버립니다. 선배는 죽 늘어선 아이디어를 하나하나 찬찬히 들여다보았습니다. 그러더니 이렇게 말했습니다.

"많이 준비해줘서 고마워. 이렇게 많으면 뭐가 좋은지 판단하기가 어려워서 말이지. **좋은 카피에는 '공감'이나 '발견'이 있기 마련이거든.** 그 기준으로, 써온 것들을 살펴볼까?"

이 말을 들은 순간 무릎을 탁 치고 말았습니다.

지금도 선배의 표정과 회의실 풍경까지 생생하게 기억하고 있습니다. 그때 저는 처음으로 깨달았습니다.

'카피란 상대에게 '공감'과 '발견'을 주는 것이 목적이다. 주관적인 좋고

싫음이 아니라 명확하게 좋고 나쁨을 판단할 수 있는 것이다.'

일본에서 유명한 카피를 예로 들겠습니다.

- 상상력과 몇백 엔 (신조문고) ➡ **발견**
- 사랑, 먼 옛날의 불꽃이 아니다 (산토리) ➡ **공감**
- 마흔은 두 번째 스물 (이세탄 백화점) ➡ **발견**
- Just do it (나이키) ➡ **공감**

당신이 이 카피를 좋아하든 싫어하든 여기에는 반드시 '공감'이나 '발견'이 존재합니다. 앞서 제가 이해할 수 없었다고 이야기한 카피를 다시 한번 살펴보겠습니다.

놀고 있는 게 아니다.
월급에 맞게
일하고 있는 것이다.

지친 샐러리맨의 '공감'을 명확하게 노리고 있다는 것을 알 수 있습니다. 저도 지친 샐러리맨이 된 지금에서야 100% 공감하게 되었습니다(하하).

이것은 카피에만 해당하는 이야기가 아닙니다. 어떤 아이디어라도 '좋고 싫음'으로 선택해서는 안 됩니다. 반드시 구체적이고 객관적인 '기준'을 갖춰두어야 합니다.

아트디렉터 사노 겐지로는 자신의 디자인 지침을 "단순함(Simple), 명쾌함(Clear), 굵직함(Bold)"이라고 말합니다.

칩 히스와 댄 히스도 저서 『스틱!』에서 사람들의 기억에 남기 쉬운 아이디어 조건으로 다음 6가지 항목을 들고 있습니다.

① 단순명쾌하다

② 의외성이 있다

③ 구체적이다

④ 신뢰성이 있다

⑤ 감정에 호소한다

⑥ 스토리가 있다

사노 겐지로도 『스틱!』과는 표현이 다르지만, 같은 이야기를 하고 있습니다.

당신도 자기 나름의 기준을 세우기 바랍니다. 그러기 위해서는 좋은 아이디어를 최대한 많이 접해서 보는 눈을 높이는 것이 중요합니다.

세계 첫 알코올 0.00% 맥주 (기린)

- 차를 가지고 나가면 술을 마실 수가 없다 공감
- 알코올 제로여도 맥주 맛은 그대로! 발견

전골 큐브 (아지노모토)

- 시판 전골 국물은 양이 너무 많다
- 1인분 전골도 가능!

젤 볼 타입 세제 (P&G)

- 매번 세제 양을 확인하고 넣기 귀찮다 공감
- 손에 묻을 일도, 흘릴 일도 없다!

진품을 많이 접한다

미술품을 감정하는 인기 TV 프로그램에는 도자기나 족자 등 다양한 물건이 출품됩니다. 하지만 문외한의 눈에는 가치가 있는 건지 없는 건지 알 수가 없습니다. 유서 깊어 보이는 그림이 그저 평범한 토산품이었다거나, 잡다한 장난감으로 보였는데 수백만 원의 가치가 있는 물건이었다는 사실에 매번 놀라기 일쑤입니다.

아이디어도 마찬가지입니다. 가치를 꿰뚫어 보는 눈이 없으면 좋은 아이디어를 고를 수 없습니다. 어쩌면 당신도 수천만 원의 가치가 있는 제안을 자기도 모르는 사이에 흘려보냈을지 모릅니다.

전문 감정인은 "보는 눈을 기르려면 일단 진품을 많이 접하는 수밖에 없다"라고 말합니다. 훌륭한 작품을 많이 접해봐야 비로소 가치를 판별해낼 수 있게 된다는 뜻입니다.

아이디어의 프로가 되기 위해 당신도 좋은 아이디어를 많이 보는 습관을 들이길 바랍니다. 제가 추천하는 방법은 세계의 '광고상'을 보는 것입니다.

대표적인 광고상에는 도쿄 카피라이터즈 클럽이나 도쿄 아트디렉터즈 클럽이 개최하는 대회, 혹은 칸 국제광고제 같은 것이 있습니다. 이러한 광고상은 '좋은 아이디어'의 샘플 모음집이라고 할 수 있습니다. 광고업계에서 일하는 사람 외에도 많은 이에게 참고가 됩니다.

「사랑의 불시착」이 인기를 끈 기준을 생각해보자

과제

드라마 「사랑의 불시착」이
인기를 끌었다.
기준을 생각해보자.

- 주인공은 자립적이고 현대적인 커리어우먼 　　공감

- 과묵하고 행동이 절제되어 있지만 순정파 꽃미남 군인 　의외성

- 전형적인 로맨틱 코미디 　　단순명쾌

- 좀처럼 접할 기회가 없는 북한의 생활상 　　발견

> 【아이디어 발상에 참고가 되는 사이트】
>
> 도쿄 카피라이터즈 클럽 http://www.tcc.gr.jp/
> 도쿄 아트디렉터즈 클럽 http://www.tokyoadc.com/
> 칸 국제광고제 https://www.lionscreativity.com/

책도 많이 나와 있고 인터넷상에서 쉽게 정보를 찾을 수 있습니다. 여러 방면에 유용하게 쓰일 겁니다. 앞서 소개한 '난민 국가(The Refugee Nation)'나 '#밖으로 나가자(#OptOutside)'도 광고상 수상작입니다.

특히 '개인적으로 좋아하지는 않지만 세상에 받아들여진 것'에 주목하여 그 이유를 분석해보는 것도 좋습니다. 경험이 쌓이면 당신 나름의 '기준'이 세워질 겁니다.

장점·단점으로
선택하지 않는다

아이디어를 많이 내면 낼수록 좋은 것이 나올 확률은 높아집니다. 그러나 수많은 아이디어를 보다 보면 어느새 혼란스러워지고, 뭐가 좋고 뭐가 나쁜지 알 수 없게 되어버립니다. 그럴 때 대부분은 아이디어의 장단점을 쓰고 비교하기 시작합니다. 하지만 절대로 그렇게 해서는 안 됩니다.

최고의 아이디어라도 단점은 있고 최악의 아이디어라도 장점이 있을 수 있습니다.

만화『귀멸의 칼날』을 예로 들어보겠습니다. 엄청난 화제를 모은 히트작이자 의심할 여지가 없는 최고의 아이디어입니다. 하지만 그런『귀멸의 칼날』이 연재작품을 결정하는 회의에서 단점만 지적하는 상사를 만났다면 어떻게 되었을까요?

"귀멸의 칼날? 귀멸이라니. 소년만화 타이틀은 '원피스'나 '드래곤볼'처럼 단순한 게 좋지 않나? 캐릭터 이름도 어렵잖아. 가마도 탄지로, 네즈코, 애들은 외우지도 못할걸. 렌고쿠 쿄쥬로는 말할 것도 없고. 적군이 귀신이라는 것도 너무 뻔해. 옛날이야기도 아니고 말이야. 역시 거인이나 우주인처럼 임팩트가 없으면 홍보도 쉽지 않다고. 연재는 다음 기회로 미룹시다!"

우리는 이미 『귀멸의 칼날』이 큰 성공을 거두었다는 사실을 알고 있기 때문에 이것이 말도 안 되는 대화라고 생각합니다. 하지만 이러한 회의가 세상 곳곳에서 밤낮없이 이루어지고 있는 것이 현실입니다. 그렇게 수없이 많은 멋진 아이디어가 사라집니다.

아이디어 회의는 본래 세상에 무언가 효과를 가져다줄 안을 선택하기 위한 장소입니다. 다만 비즈니스에는 항상 리스크가 존재합니다. 책임이나 체면도 신경이 쓰입니다. 실패할지도 모른다는 생각에 점점 불안함을 느낍니다. 결국, 결점을 찾아내기 위한 회의가 시작됩니다. 여러 방면에서 단점을 지적받고 아이디어는 곧 소멸해버립니다.

그렇다면 '장점을 보고 선택하면 되지 않는가?'라고 생각할지 모릅니다. 하지만 이런 경우 대개 장점은 '단점이 없다는 게 장점'이라고 꼽히기 마련입니다. 단점이 없다는 것은 다시 말하면 '특징이 없다'는 말이 됩니다. 결과적으로 최고의 아이디어가 아니라 누구도 반대하지 않는 평범한 아이디어가 선택되고 맙니다.

장점·단점이 아니라 기준으로 선택한다는 점을 명심해야 합니다. 앞서 소개한 공감이나 발견도 좋고 자신의 경험을 통해 얻은 것도 좋습니다.

다만 회의가 길어지면 머릿속이 복잡해지면서 장점·단점에 관한 토론이 시작되어버리기 쉽습니다. 그럴 때는 '애초에 이 아이디어로 무엇을 하고 싶었는가?'로 돌아가서 생각합니다.

흐름을 끊는 데는 용기가 필요합니다. 분위기 파악을 못 하는 사람이라고 여겨질 수도 있습니다. 하지만 '타피오카 밀크티'나 '귀멸의 칼날' 같은 아이디어를 흘려보내는 잘못된 선택을 하는 것보다 그편이 낫습니다.

새로운 상품·서비스

상품에 공감할 수 있는가	서비스에 새로운 발견은 있는가
YES	**YES**

• 이거 사고 싶었어!
• 내 마음을 읽었다
• 커스터마이즈가 가능하다
	• 지금껏 해보지 못한 것을
	  체험할 수 있다
	• 새로운 세계가 열린다
	• 포기하고 있던 것이 가능
	  해졌다

NO	**NO**
• 탈락!	• 탈락!

타인의 의견을 순수하게 받아들인다

1장에서 '자신의 아이디어가 좋아 보이는 병'에 대해 이야기했습니다. 물론 저도 예외는 아닙니다. 신입 시절의 아이디어를 지금 들여다보면 정말이지 형편없습니다. 그럴 때는 자신의 부족함을 순순히 인정하고, 어째서 아이디어가 좋은 평가를 받지 못했는지 냉정하게 분석해야 합니다.

하지만 저는 그럴 수 있는 사람이 아니었습니다. 오히려 좋게 평가해주지 않는 상사나 광고상의 심사위원을 탓했습니다.

'아~ 내 재능을 알아봐 주는 사람 어디 없나…'

부끄러움을 무릅쓰고 고백하자면 이런 생각을 하고 있었습니다.

이 책을 읽고 있는 여러분은 저 같은 잘못을 저지르지 않았으면 좋겠습니다. 만약 당신이 아이디어 초심자라면 몇 년 동안은 상사나 심사위원의 의견을 그대로 받아들이길 바랍니다.

동료나 친구, 가족에게 신세 한탄을 하면 따뜻한 위로의 말을 들을 수는 있을 겁니다. "다들 보는 눈이 없네." "좋은 걸 못 보고 놓치는 경우가 종종 있잖아." 저도 그런 말을 위로 삼아 알량한 자존심을 지키고 있었습니다.

하지만 이것은 '위로'가 아닙니다. '주술'입니다. 상대는 당신의 아이디어가 좋다고 생각하는 것이 아닙니다. 당신에게 미움 받고 싶지 않을 뿐입니다. 그 말을 진심으로 받아들여서는 안 됩니다.

사실 자신의 아이디어가 좋은 평가를 받지 못해도 시무룩할 필요는 없습니다. 평가를 받지 못한 것은 아이디어지 당신이 아니기 때문입니다. 무엇이 문제인지 객관적으로 바라보고 어떻게 개선해나갈지 고민해야 합니다. 이것이 성장하기 위한 유일한 방법입니다. 듣기 싫은 지적일수록 당신을 성장시킬 것입니다.

아이디어를 선택할 때 주의할 점

만약 당신에게 부하 직원이 있고 그들이 아이디어를 더욱 적극적으로 내기를 바란다면, 마이클 A. 로베르토의 저서 『창의성의 발현(Unlocking Creativity)』이 참고가 될 수 있습니다.

부하 직원이 '여기에서는 어떤 아이디어를 내도 괜찮다'라고 여길 만큼 절대적인 '심리적 안정감'을 느낄 수 있도록 환경을 조성하려면 어떻게 해야 할까? 우선 리더 자신이 부하에게 새로운 아이디어든 부정적인 정보든 가리지 않고 마음껏 제시하기를 바란다는 태도를 보여주어야 합니다. 예를 들면 이렇습니다.

① 반대 의견을 환영한다
② 자신의 실패담을 들려준다
③ 부정적인 정보나 솔직한 의견을 말해준 것에 대해 고마움
   을 표시한다

어떤 의견이라도 들을 준비가 되어 있다는 점을 전달합니다. 부정적인 의견을 내도 커리어에 영향이 미치지 않는다는 약속도 필요합니다. '부하로부터 아이디어는커녕 보고·연락·상담조차 없다. 왜 그럴까?'라는 생각이 든다면 당신 자신이 이러한 것들을 실천하고 있지 않을 가능성이 큽니다.

외부인에게 보여준다

상사나 심사위원 이외의 일과 관계없는 외부인 의견도 때로는 많은 참고가 됩니다. 예산이나 마감 일정, 회사 내부의 인간관계에 얽매이지 않고 객관적인 관점에서 아이디어를 평가받을 수 있기 때문입니다.

다만 업계 관계자는 적합하지 않습니다. 동기나 같은 업계 지인은 아이디어를 올바르게 평가하기보다 당신에 대한 배려를 우선시할 겁니다. 게다가 후배는 윗사람인 당신에게 냉정한 의견을 말하기가 어렵습니다.

앞서 제 취미는 격투기 관전이라고 밝혔습니다. 격투기 세계에서는 강한 선수일수록 외부 훈련을 통해 자신보다 더 강한 선수와 실전연습을 합니다. 만약 자신이 적을 두고 있는 체육관 안에서 후배나 낮은 등급의 선수들이랑만 연습하다 보면, 시합에서 이길 수 없게 됩니다.

비즈니스도 격투기와 같습니다. 외부의 눈으로 바라보는 것은 의미가 있습니다. 손쉽게 아이디어를 보여줄 만한 외부인으로서 연인이나 가족, 학창 시절 친구 등을 추천합니다. 서로 신뢰하는 사이지만 비즈니스 이해관계로 엮여 있지 않으므로 기탄없는 의견이 나올 수 있습니다.

때로는 '내 얘기를 이해하긴 한 건가?' 싶은 엉뚱한 의견이 나올 때도 있지만, 그것이야말로 아이디어 비약을 위한 찬스입니다. 아이디어는 오래된 요소의 조합입니다. 생각지도 못한 의견을 받아들임으로써 훨씬 좋은 아이디어로 발전시킬 가능성이 있습니다. '아이디어 스킬 번외편 ③ 다 같이 발전시킨다'를 떠올리기 바랍니다.

아이디어를 보여줄 때는 배경이나 부수적인 설명은 하지 않는 것이 좋습니다. 예고 없이 보여주고 첫인상에 관한 의견을 참고하면 그것으로 충분합니다.

'좋다·나쁘다'라고 생각한 이유는 묻지 않습니다. 깊이 파고들수록 상대나 당신 역시 혼란스러워지고 제대로 된 판단을 내릴 수 없게 됩니다.

객관적인 의견을 듣기 위해서는 **평소 신뢰를 바탕으로 한 횡적인 인간관계를 구축**하는 것이 중요합니다.

아이디어 발상의 전문가라고 하면 고집스러운 예술가 유형의 인물을 떠올리기 쉽지만, 현실은 정반대입니다. 거만하거나 으스대지 않고 타인의 의견을 겸허히 받아들이는 태도를 보이지 않으면, 사람들에게 솔직한 의견을 들을 수 없습니다. 아이디어의 프로는 우선 한 명의 좋은 인간이어야 한다는 점을 명심해야 합니다.

상상 프레젠테이션 기법

"팔다리가 잘려도 가라테 훈련은 가능하다! 이미지 트레이닝도 중요한 의미가 있다."

『군계』라는 가라테 만화에 나오는 명대사입니다. 실제로 팔다리를 움직이는 행위뿐만 아니라 머릿속으로 상상하는 것도 실력을 쌓는 데 도움이 된다는 사실을 말하고 있습니다.

스포츠 세계에서 활용되는 이미지 트레이닝은 사실 아이디어 선택에도 도움이 됩니다. 우선 객석을 가득 메운 청중을 마주하고 무대 위에 선 자신의 모습을 상상해봅시다. 청중은 당신의 프레젠테이션이 시작되기를 고대하고 있습니다. 이 이미지는 구체적일수록 효과가 좋습니다.

테드(TED) 강연이나 스티브 잡스의 애플 신제품 발표회처럼 동경하는 인물의 프레젠테이션을 떠올리면서 흉내를 내보는 겁니다. 머릿속에서 하는 상상이므로 무엇을 하든 자유입니다. 세계적인 리더가 되어 범접할 수 없는 카리스마를 발휘하며 청중에게 당신의 멋진 아이디어를 발표해봅시다.

이때, 뭔가 이상한 느낌이 들 겁니다.

'분명히 좋은 아이디어였는데 어딘지 부족하게 느껴진다. 이미지가 확장되지 않는다. 자신 있게 발표할 수 없다.'

이것은 **아이디어가 좋지 않다는 증거**입니다. 제아무리 무대가 화려하고 슬라이드가 멋지고 발표자가 유명인이래도, 좋지 않은 아이디어를 좋게 포장하는 것은 절대로 불가능합니다. 오히려 주위 환경과의 대비로 인해 아이디어의 부족한 부분이 두드러질 뿐입니다.

머릿속 상상으로 무서운 상사나 클라이언트가 되어보는 것도 효과적입니다. 엄격한 저 사람이라면 과연 어떻게 평가할지 상상해보는 겁니다. 이때도 가능한 한 구체적으로 실재하는 누군가를 떠올립니다. 만약 그런데도 자신 있게 발표할 수 있다면 멋진 아이디어일 가능성이 큽니다. 이러한 '상상 프레젠테이션'은 회의나 실제 프레젠테이션의 예행 연습이 됩니다.

종종 "정말 별로지만…"이라고 운을 떼며 반응이 안 좋을 경우를 대비하는 사람이 있는데, 정말 이해할 수 없는 행동입니다. 태도가 비굴하면 아이디어까지 비굴하게 보입니다.

가슴을 펴고 당당하게 내보입시다. 반응이 좋지 않아도 괜찮습니다. 좋고 나쁨 이전에 '아이디어를 낸다'라는 행위 그 자체에 가치가 있기 때문입니다.

이 아이디어는

○○ 목적으로

○○ 같은 사람들을 위해

○○의 방법으로

○○원 정도의 예산으로…

가능한 한 구체적으로 떠올린다

시간을 두고 생각한다

아이디어를 계속 생각하고 있으면 정신이 고양되면서 생각을 멈출 수 없는 상태가 될 때가 있습니다. 마라톤 선수는 오래 달리다 보면 '러너스 하이'라는 도취 상태에 빠져든다고 알려져 있는데, 이와 비슷한 감각일지도 모릅니다. 이 책에서는 이러한 상태를 '아이디어 하이'라고 부르겠습니다.

아이디어 하이를 느낄 수 있다는 말은 한 사람 몫을 해낼 만큼 성장했다는 증거입니다. 그렇다고 해서 아이디어 100개를 떠올리기가 쉬워지는 것은 아니지만, 기분 좋은 피로감을 즐길 수 있게 될 겁니다.

하지만 여기에는 작은 문제가 하나 있습니다. 아이디어 하이는 발상에는 효과적이지만 아이디어를 선택하는 단계에서는 방해가 된다는 점입니다.

아이디어 하이는 일종의 도취 상태입니다. 창의력을 발휘할 수 있게 되지만 냉정한 판단 능력은 둔해집니다. 떠올리는 아이디어마다 최고라고 느껴집니다. 이런 상태로 아이디어 회의에 들어가면 대개 결과가 좋지 않습니다.

신입 시절 제 아이디어는 하나같이 시답잖았지만, '어째서 이런 좋은 아이디어를 알아보지 못하는가?!'라며 불만에 차 있었습니다. 이는 당시에 아이디어 하이 상태로 아이디어를 선택하고 회의에 들어갔기 때문입니다.

아이디어 발상이 끝나면 판단 능력이 돌아올 때까지 정신이 휴식하는 시간이 필요합니다. 구체적으로는 다음의 세 단계를 적용시킵니다.

① 아이디어 발상
② 휴식
③ 아이디어 선택

아이디어 100개를 떠올려내던 그 기세로 아이디어를 선택해서는 안 됩니다. 구체적인 휴식 방법으로 업무와 전혀 관련이 없는 작업을 추천합니다. 청소, 설거지, 정리정돈 같은 단순 작업은 두뇌를

리셋하는 데 도움이 되며, 책을 읽거나 영화를 보면서 기분을 전환하는 것도 좋습니다. 숙면을 통해 실제로 '휴식'하는 것 역시 효과적입니다.

시간을 두고 보면 아이디어는 대부분 빛을 잃습니다. 개인적인 경험에 비추어봐도 아이디어 하이 상태에서 나온 아이디어가 좋았던 적은 거의 없었습니다. 물론 아깝다고 느껴질 수 있습니다. 무척이나 자연스러운 감정입니다. 하지만 아이디어 개수를 많이 내면 좋은 아이디어가 나올 확률은 반드시 높아지므로, 신경 쓰지 않아도 됩니다.

휴식이 필요하다는 말은 **아이디어만 생각하고 있어서는 안 된다는** 뜻도 됩니다. 가족이나 친구들과 시간을 보내고, 맛있는 음식을 먹고, 집안일도 하고, 충분히 잠을 잡시다. 즉 충실한 인생을 사는 것이, 곧 좋은 아이디어를 선택하는 것으로 이어진다는 이야기입니다.

버린다

"A안으로 합시다. 그렇지만 B안도 버리기엔 아쉽네요. A안에 덧붙일 수는 없을까요?"

프레젠테이션 후 클라이언트로부터 이런 피드백을 받을 때가 있습니다. 대응하기 곤란한 대표적인 예입니다(하하).

좋은 아이디어에는 반드시 치우침이 있습니다. 치우침이 있으면 합의가 쉽지 않고 의견이 갈립니다. 결국 결정을 내리지 못하므로 A와 B를 섞어서 그 누구도 불행해지지 않는 쪽으로 방향이 잡히고 맙니다.

하지만 아이폰이 처음 발매되었을 때를 떠올려봅시다. 당시 터치스크린 입력은 키보드 입력보다 사용하기 불편하다고 여겨졌습니다. 그렇다고 여기에 소형 키보드를 추가해버리면 아이폰은 더 이상 아이폰이 아닌 게 됩니다.

'아이디어란 오래된 요소의 조합'입니다. 그러므로 **무엇을 조합하고 무엇을 조합하지 말아야 하는지에 대한 판단이 중요해지는** 것입니다. 100개 중에 좋은 아이디어 하나를 선택한 후 남겨진 99개의 아이디어에서 버리기 아까운 요소가 발견될 수도 있습니다. 하지만 **마음을 독하게 먹고 단호하게 버려야** 합니다. 만약 버리지 않으면 어떤 일이 벌어질까요?

예를 하나 들어보겠습니다. 셰익스피어의 『한여름 밤의 꿈』이라는 작품은 요정의 장난으로 인간들이 삼각관계에 얽히면서 일어나는 소동을 그린 희극입니다. 다음에 소개하는 장면은 극 중 결혼식 피로연에서, "슬픈 희극: 피라모스와 티스베의 끔찍한 죽음"이라는 연극을 준비하기 위한 회의에서 직공들이 나누는 대화입니다.

"피터, 내가 생각해봤는데 이 연극에 걸리는 부분이 있어. 주인공 피라모스 말이야, 검으로 자해하잖아. 아무리 연극이라고 해도 검으로 자해하는 건 좀 그렇지 않아? 연극을 보는 부인들이 졸도할지도 모른다고."

"하긴, 그것도 그렇네. 분명 자해하는 부분을 보여주는 것은 옳지 않겠어. 자해하는 장면은 연극에서 빼야겠군."

"그렇지만 그 장면을 없애면 연극이 엉망이 되어버리지 않을까? 연극 제목이 '슬픈 희극: 피라모스와 티스베의 끔찍한 죽음'이잖아. 끔찍한 죽음이라고 해놓고 이 장면을 없애버리는 건 아무래도 좀 그렇지."

"그렇긴 하지. 그래서 내가 생각을 좀 해봤어. 부인들을 졸도시키지 않을 방법을 말이야. 연극이 시작되기 전에 '이 연극에는 검으로 자해하는 장면이 있지만 그것은 진짜 검이 아닙니다. 연기하는 것은 직물장이 닉 보텀이니 진짜 검 같은 걸 가지고 있을 리가 없습니다. 닉 보텀의 집에 있는 것은 고작해야 빵을 자르는 나이프 정도입니다. 그러니 안심하세요'라고 말이야."

"그거 좋은 생각이네. 그렇게 하자."

"나도 일하다가 생각을 좀 해봤는데. 스낙이 맡은 사자 말이야. 아무리 인형 탈을 쓰고 있어도 사자가 나와서 '어흥' 하고 짖기만 하면 부인들이 무서워하지 않을까?"

"그래, 무서워할 거야. 그럼 이렇게 하자. 우선 사자탈은 입을 크게 만들어서 스낙의 얼굴이 보이게 하는 거야. 그런 다음 스낙에게 이렇게 말하라고 하는 거지. '지금부터 소목장이 스낙이 사자 연기를 하는 동안 어흥 하고 짖을 테지만, 보시다시피 사자가 아니라 바로 저, 소목장이 스낙이 짖는 거니 걱정하지 마세요. 만약 제가 정말 사자가 되어버렸다고 생각한다면 그건 큰 오해입니다. 저는 사자가 된 게 아닙니다. 아니, 역할상 물론 사자가 되었지만 진짜가 아닙니다. 이 소목장이 스낵, 신께 맹세합니다. 다른 배우들과 마찬가지로 인간입니다'라고 말이야."

"사자는 나도 신경이 쓰였는데. 그래, 그게 좋겠네. 이제 안심이야."

-셰익스피어, 『한여름 밤의 꿈』 중에서

농담처럼 들리겠지만 사회인이라면 누구나 한 번쯤 이런 회의를 경험하지 않을까요?

"아이디어의 프로는 우선 한 명의 좋은 인간이어야 한다"라고 말했지만, 최종적인 판단을 내릴 때만은 리처드 3세처럼 '냉철한 군주'가 되어야 합니다. 최고의 아이디어를 선택했다면, 남은 99개의 아이디어는 미련 없이 버리길 바랍니다.

---

① **공감과 발견** '좋고 싫음'이 아니라 자기만의 기준을 세운다.

② **장점·단점으로 선택하지 않는다** '흠 들추기'는 백해무익하다.

③ **타인의 의견을 순수하게 받아들인다** 모든 비판은 받아들이는 것이 좋다.

④ **외부인에게 보여준다** 이해관계가 없는 외부인에게 보여준다.

⑤ **상상 프레젠테이션 기법** 스티브 잡스나 일론 머스크가 된 것처럼!

⑥ **시간을 두고 생각한다** '바로 이거다!'라는 흥분을 진정시킨다.

⑦ **버린다** 'A와 B의 좋은 부분만 가져오기'를 해서는 안 된다.

제 5 장

실천편: 아이디어를
100개 생각해내면,
여기까지 확장된다

미션! 배달용 신메뉴를 개발하라

여기까지 제가 알고 있는 아이디어 발상 스킬은 모두 적었습니다. 특별한 툴이 있는 게 아닌 데다가 제 스스로도 '이게 다야?' 싶을 정도로 평범하다고 생각합니다(하하).

하지만 책을 읽고 왠지 할 수 있을 것 같은 기분이 들어도 막상 해보면 잘 안되는 것이 현실입니다. 스킬은 실천을 해야 비로소 자신의 것이 됩니다.

이번 장에서는 인풋, 아이디어 발상, 아이디어 선택이라는 3단계를 시뮬레이션 해보겠습니다. 다 읽고 나면 '아이디어를 업무에 활용한다'는 것이 무엇인지 구체적으로 머릿속에 그려질 겁니다.

※ ※ ※

당신은 식품회사 신규개발팀에서 일하는 4년차 팀원입니다. 아직 말단 사원이지만 어느 정도 업무가 익숙해졌고 '아이디어를 내고, 프레젠테이션하고, 수정하고, 완성한다'라는 프로세스도 이해하고 있습니다.

상사는 슬슬 당신이 홀로서기를 해도 될 시기라고 생각했기에 첫 프로젝트를 맡기기로 했습니다. **클라이언트는 햄버거 전문점인 '헌드레드 버거'. 업무 내용은 '배달용 신메뉴를 개발한다'입니다.**

헌드레드 버거는 코로나19의 영향으로 최근 주목받고 있는 음식 배달 서비스를 도입했습니다. 그런데 생각처럼 잘되지 않았습니다. 헌드레드 버거의 햄버거는 매장 안에서 여유롭게 즐기는 것을 상정한 두툼한 버거였기 때문에, 배달할 때 진동으로 인해 형태가 엉망진창으로 망가져 버리곤 했습니다. 기존 버거보다 얇은 형태의 버거도 개발해봤지만 두툼한 버거가 가게의 대표 메뉴였던 만큼 고객 반응은 썩 좋지 않았습니다.

게다가 창업한 지 10년이 지나면서 사업 성장세도 둔화하고 있습니다. 경영진은 배달 서비스만의 문제가 아니라 지금은 새로운 메뉴를 개발해야 할 때라고 판단했고, 당신의 부서가 신메뉴 개발 프로젝트를 맡게 되었습니다.

여기까지가 배경입니다. 그럼, 시작해봅시다.

일단은, 인풋

첫 프로젝트를 맡은 당신은 열정과 의욕이 넘치는 상태입니다. 하지만 기억해야 합니다. 다짜고짜 아이디어를 내서는 안 됩니다. **우선은 인풋부터 시작합니다.**

햄버거 아이디어를 생각해내야 하므로 가장 먼저 햄버거의 역사를 조사해보기로 합니다. 인터넷에서 햄버거의 기원을 검색해봅니다. 기원이 된 것은 몽골계 기마민족 타타르인이 먹었던 날고기 요리라고 알려져 있습니다.

타타르인은 이동이나 전쟁에 쓰이는 말을 음식 재료로도 사용했습니다. 딱딱하게 굳어버린 말고기를 먹기 쉽도록 잘게 다져서 양파나 후추 등의 향신료로 맛을 냈습니다. 이러한 음식이 독일에 전해져서 소고기·돼지고기를 섞어서 저민 고기에 향신료와 양파 그리고 빵가루를 넣은, 우리 모두가 잘 아는 햄버그스테이크의 형태가 됩니다.

18~19세기 전반에 많은 독일인이 함부르크 항에서 배를 타고 미국으로 이주했고, 독일계 이민자들이 즐겨 먹던 다진 고기 요리가 미국에서 '함부르크 스테이크'라고 불리게 되었습니다. 이것이 '햄버그'라는 이름의 유래라고 합니다. 조금만 조사해보면 익숙한 가정요리에도 국가와 민족을 둘러싼 장대한 드라마가 담겨 있다는

사실을 알 수 있습니다.

햄버그스테이크가 햄버거로 변화한 경위에는 여러 가지 설이 있습니다. 잘 알려진 것은 1904년 미국 세인트루이스 박람회에서 둥근 빵에 햄버그스테이크를 끼워서 판 것이 햄버거의 시작이라는 설입니다. 이 박람회에서는 아이스크림콘도 등장했습니다. 식기를 사용하지 않고 박람회를 구경하면서 먹을 수 있는 방식을 궁리했던 것으로 보입니다.

1948년에는 맥도날드 형제가 햄버거 전문 레스토랑 '맥도날드'를 열었습니다. 당시 미국은 드라이브인 레스토랑이 유행이었고, 주요 타깃은 이제 막 운전을 시작한 젊은이들이었습니다. 어느 매장이나 젊고 아름다운 여성들을 웨이트리스로 채용하여 손님을 끌어모았습니다. 하지만 혈기 왕성한 젊은이들을 상대로 하는 비즈니스는 효율적이지 않았습니다. 그들이 웨이트리스를 보려고 오랜 시간 매장에 머물렀기 때문에 회전율이 낮았고 식기는 깨지기 일쑤였습니다.

이런 상황에 질려버린 맥도날드 형제는 햄버거를 종이에 싸서 팔기 시작했습니다. 햄버거를 손에 쥐고 먹을 수 있게 되면서 식기는 불필요해졌고, 셀프서비스 방식으로 전환되면서 웨이트리스를 쓸 필요가 없어졌습니다. 손님들은 다 먹으면 곧장 매장을 나서므로 회전율도 높아졌습니다. 그렇게 드라이브인의 결점이 모두 해소되면서 대성공을 거두게 되었습니다.

햄버거 탄생에는 사람들의 생활 양식 변화가 깊이 관여하고 있다는 사실을 알 수 있습니다. '뉴노멀, 새로운 생활 양식'이라는 말이 유행하고 있는 지금이야말로 새로운 메뉴를 히트시킬 기회인지도 모릅니다.

어느 정도 정보를 조사했지만 이것만으로는 부족하다고 느낀 당신은 다른 정보도 찾아보기로 합니다. 근처 도서관에 가서 관련 서적을 빌려옵니다. 동영상 스트리밍 서비스에서 맥도날드 프랜차이즈를 성공시킨 경영자의 전기 영화 「파운더」를 저장해둡니다.

그때까지 특별하게 관심을 두지 않았던 '햄버거'라는 음식에 어느새 푹 빠져 있는 자신을 발견합니다. 이러한 상태까지 자신을 끌고 왔다면 인풋은 성공입니다.

앞서 말했듯 기획에 사용하는 시간 중 8할은 인풋에 할애하고 남은 시간 동안 아이디어를 내는 것을 추천합니다. 제한된 시간 안에서 조금이라도 빨리 아이디어를 내고 싶은 마음은 알지만, 꾹 참아내야 합니다. 인풋이 충분하지 않은 상태로 아이디어를 내려고 하면 아무것도 떠오르지 않고 시간만 낭비하게 됩니다.

아이디어 발상은 '쓰기'다

아직 인풋하고 싶은 것은 많지만, 곧 마감 시간이 다가옵니다. 이제 아이디어 발상으로 넘어갑니다.

반복해서 이야기했듯 아이디어 발상을 위해서는 글로 써야 합니다. 팔짱을 끼고 머릿속으로 생각만 해서는 결코 아이디어를 낼 수 없습니다. 도구는 노트나 스마트폰 메모, 워드 등 뭐든지 좋습니다. 광고 전단지 뒷면이라도 상관없습니다(의외로 고급 노트보다 효과적입니다).

글로 쓰고 활자화해야 아이디어는 진짜 아이디어가 됩니다.

'아이디어를 100개 생각하라'는 말이 무슨 뜻인지 구체적으로 이해할 수 있도록, 실제로 '햄버거 신메뉴'를 100개 떠올려보겠습니다. 불필요하다고 느껴지면 이 부분은 읽지 않고 건너뛰어도 됩니다. 다만 양이 최우선이며 질이나 실현성은 무시해도 된다는 점만은 기억해주길 바랍니다.

만약 당신이 햄버거 전문점을 경영하고 있고 이 가운데 실제로 판매하고 싶은 메뉴가 있다면, 꼭 저에게 연락 바랍니다(하하).

새로운 햄버거 아이디어를 100개 생각해보다

회사가 안고 있는 과제를 다시 한번 정리해보겠습니다.

① 배달 서비스에 적합한 햄버거를 만들고 싶다

② 기존의 햄버거 이미지를 쇄신하고 싶다

이렇게 2가지 문제를 해결해야 합니다. 하지만 이 단계에서는 일단 아무것도 생각하지 말고 떠오르는 대로 적어봅니다.

번과 패티를 따로 판매	꼬치 햄버거
미니 햄버거	압축 햄버거

겨우 4개 썼을 뿐인데 머리가 굳어버렸습니다! 여기서 당신은 아이디어 스킬 ⑮ 뒤집어서 생각한다를 사용해보기로 합니다. 지금까지 당연하다고 여겼던 점을 깨끗이 잊고 다시 생각합니다.

'배달 전용 메뉴'라는 과제를 뒤집어서 생각하면, '기존 메뉴를 유지하고, 배달 방법을 쇄신한다'가 됩니다.

배달 전용 용기 개발	햄버거 배달 전용 오토바이 개발

모양이 망가지면 환급 캠페인	근거리 한정 배달 햄버거

추가로 4개 안을 냈습니다. 이 방향으로는 아이디어가 더 이상 확장될 것 같지 않습니다. 이번에는 앞서 인풋을 한 내용에서 생각해봅니다.

(복각판)기마민족 햄버거	(복각판)말고기 햄버거
(복각판)함부르크 햄버거	

다음은 **아이디어 스킬 ⑬ 조합한다**를 사용합니다. 햄버거 이외의 식품과 햄버거를 조합해봅니다.

동결건조 햄버거	밥버거
사각형 햄버거	식어도 맛있는 햄버거
젓가락으로 먹는 햄버거	나이프와 포크로 먹는 햄버거

어느 정도 익숙해지기도 했고 '포스트잇'이나 '파워포인트'를 사용하지 않고 스마트폰 메모 애플리케이션에 입력만 하면 되므로 아이디어가 금세 6개나 늘었습니다. 하지만 하나같이 구체성이 빠져 있습니다. 여기서 **아이디어 스킬 ⑧ 관점을 바꾼다**를 사용해봅시다. 지금까지는

햄버거 전문점의 경영자 관점에서 아이디어를 냈다면, 이번에는 손님 관점으로 전환하여 생각합니다.

다만 막연하게 '손님'이라는 설정은 충분하지 않습니다. 자신이나 가족, 친구, 연인 등 구체적인 누군가가 되는 것이 중요합니다. 가령 당신 주위에 디저트를 좋아하는 사람이 있다고 가정합시다. 그들이라면 어떤 햄버거를 배달시킬까요?

디저트용 햄버거	초콜릿 햄버거
아이스크림 햄버거	케이크 햄버거
단팥 햄버거	커스터드크림 햄버거
생크림 햄버거	과일 햄버거
꿀 햄버거	메이플시럽 햄버거
타피오카 햄버거	솜사탕 햄버거
마카롱 햄버거	오레오 햄버거
군고구마 햄버거	

금세 15개나 늘었습니다. 하나같이 배달에 적합하지 않고 맛없어 보이나요(하하)? 그래도 괜찮습니다. **질이나 실현성은 무시한다**라는 철칙을 잊지 말아야 합니다.

디저트를 좋아하는 사람이 있는가 하면 건강을 챙기는 사람도 있을 겁니다. 그런 사람들이 주문할 것 같은 햄버거도 적어봅니다.

얇은 햄버거	고기 없는 햄버거
생선살 햄버거	어묵 햄버거
콩고기 햄버거	소금 후추로만 간을 한 햄버거
무농약 햄버거	공정무역 햄버거
야생 고기 햄버거	

건강한 자연의 식자재 중 햄버거에 사용될 만한 재료도 조합해봅니다.

식용곤충 햄버거	귀뚜라미 햄버거
지렁이 햄버거	샐러드 햄버거

'식용곤충 햄버거'라는 대범한 아이디어가 나왔습니다. 희한한 메뉴처럼 들리지만, 곤충은 영양가가 높고 사육도 쉽기 때문에 미래 식자재로서 주목받고 있다고 합니다.

마찬가지로 '희한한 메뉴'라는 점에서 발상을 넓혀봅시다.

마시는 햄버거	햄버거 쉐이크

튀김을 넣은 햄버거	햄버거 튀김
VR 햄버거	햄버거맛 알약
햄버거맛 캔디	저칼로리 햄버거
청군 백군 햄버거	반미 햄버거
매운맛 햄버거	신맛 햄버거
고추냉이 햄버거	레인보우 햄버거(파스텔색으로 착색)
카레라이스 햄버거	장조림 햄버거
라멘 햄버거	소 한 마리를 사용한 점보 햄버거

단숨에 아이디어가 늘어났습니다. 아무래도 '아이디어 하이' 상태가 된 것 같습니다. 그만큼 이상한 아이디어도 많아졌지만(하하), 그래도 괜찮습니다. 일단은 그대로 두고 선택 단계에서 다시 생각하기로 합니다.

'관점을 바꾼다'는 아이디어 스킬은 지인이 아니어도 괜찮습니다. 유명인이나 역사적인 위인, 가공의 캐릭터라도 좋습니다.

여기에서는 앞서 등장했던 세계 대부호 가운데 한 명인 빌 게이츠가 되어봅시다. 총자산액이 1천억 원이 넘는 남자는 과연 어떤 햄버거를 배달시킬까요?

람보르기니로 배달	자가용 제트기로 배달

백마를 타고 배달   1천만 원짜리 햄버거

와규 햄버거   금박 햄버거

푸아그라 햄버거

인간의 관점이 아니어도 괜찮습니다. 동물이 되어봅시다.

강아지용 햄버거   고양이용 햄버거

토끼용 햄버거   페럿용 햄버거

여기까지 74개나 되는 아이디어를 생각해냈습니다. 이제 머지않아 100개입니다!

다음으로 **아이디어 스킬 ⑨ 자기 인터뷰**를 사용해봅시다. 인터뷰어가 되어 자신에게 질문을 던져보는 방법입니다.

Q 당신은 음식 배달 서비스로 어떤 햄버거를 주문하고 싶나요?

A 음…. 배달은 잘 안 시킵니다.

Q 왜 그렇죠?

A 본래 예민한 성격이라서 배달 자체에 거부감이 있습니다(**아이디어 스킬 ⑭ 부정적인**

발상을 사용하고 있습니다).

Q 그렇군요. 그럼, 신뢰할 수 있는 배달원이라면 괜찮을까요?

A 그건 좋아요.

Q 신뢰할 수 있는 배달원은 어떤 사람인가요?

A 그러니까, 가게 점장이라면 신뢰할 수 있을 것 같아요.

Q 그렇군요! 그 외에는?

A 신뢰와는 조금 다르지만 좋아하는 아이돌이 가져다주면 기쁠 것 같아요. 로봇이나 히어로가 배달해주는 것도 재밌을 것 같고요. 핼러윈 때 배달원이 코스프레를 하거나 크리스마스에는 산타가 배달와도 재밌겠네요.

> 점장이 배달하는 햄버거   로봇이 배달하는 햄버거
> 히어로가 배달하는 햄버거   핼러윈 햄버거
> 크리스마스 햄버거

Q 신뢰할 수 있는 배달원이 배달해준다고 합시다. 그런 경우 어떤 햄버거를 주문하고 싶나요?

A 고급 햄버거는 크기도 크고 만족감도 있어서 좋긴 한데, 손에 잔뜩 묻히고 먹게 되잖아요? 그게 싫어요**(아이디어 스킬 ⑭ 부정적인 발상)**. 일회용 장갑이 있으면 편할 것 같아요. 한입에 들어가는 작은 버거가 5, 6개 세트로 되어 있거나, 애초에 가늘

고 긴 모양으로 되어 있으면 흘리지 않고 먹기 편할 것 같아요. 핫도그처럼.

전용 장갑이 있는 햄버거   한입 크기 햄버거

기다란 햄버거

Q 그럼, 배달이 아니어도 괜찮으니 지금까지 먹었던 것 가운데 인상에 남는 햄버거

가 있다면요?

A 네덜란드를 여행하다가 먹은 청어 샌드위치는 깜짝 놀랐어요. 생선 절임을 빵에

끼울 생각을 하다니. 튀긴 생선 버거는 많지만 절임 생선 버거가 있으면 재미있

을 것 같아요. 데우지 않아도 되니까 의외로 배달용 메뉴로 잘 맞을지도 몰라요.

만약 쌀로 만든 번을 사용한다면 초밥이 되겠네요.

청어 햄버거   정어리 햄버거

방어 햄버거   가다랑어 햄버거

은어 햄버거   치어 햄버거

참치 중뱃살 햄버거   참치 대뱃살 햄버거

연어알 햄버거   성게 햄버거

지느러미살 햄버거   도미 햄버거

문어 햄버거   오징어 햄버거

붕장어 햄버거   피조개 햄버거

'아이디어 스킬 ⑩ 유의어 사전을 사용한다'로 생선 이름을 검색해서 아이디어를 18개나 써냈습니다.

이렇게 해서 아이디어 100개를 생각해냈습니다! 팔짱을 끼고 머리를 싸매고 있으면 아이디어 하나 떠올리기도 힘들지만, 아이디어 스킬을 사용해 써나가다 보면 의외로 쉽습니다.

계속할 수도 있지만 난감한 아이디어가 늘어나고 있는 걸 보니(하하), 이쯤에서 멈추는 게 좋을 것 같습니다.

마지막은 과제로 돌아가서 선택한다

다음은 아이디어를 선택하는 일만 남았습니다. 여기서 '장조림 햄버거가 맛있을 것 같아. 바로 이거야!'라며 개인의 **호불호로 판단해서는 안 됩니다**.

다시 한번 회사가 안고 있는 과제(=기준)로 돌아가서 생각합니다.

① 배달 서비스에 적합한 햄버거를 만들고 싶다

② 기존의 햄버거 이미지를 쇄신하고 싶다

2가지 문제를 의식하면서 지금까지 떠올린 100개의 아이디어 가운데, 다음의 안을 선택해보았습니다.

- **꼬치 햄버거**: 햄버거 메뉴를 꼬치에 꽂아서 형태가 무너지는 것을 방지합니다. 인스타그램에 올리고 싶어질 만한 디자인의 꼬치를 사용하면 홍보 효과도 노릴 수 있습니다.
- **얇은 햄버거**: 햄버거는 두툼할수록 맛있다는 당연함을 뒤집은, 얇음에서 오는 새로운 식감을 추구하는 메뉴입니다. 그동안 햄버거 전문점을 외면해오던 건강 지향 고객을 타깃으로 삼았습니다.
- **초밥 버거**: 데울 필요가 없고 운반하기 편리합니다. 음식 배달 서비스가 유행하기 이전부터 초밥은 배달 메뉴로 인기가 높았습니다.

세 개의 아이디어는 각각 착안점도 다르고 균형이 잘 잡혀 있습니다. 이제 아이디어 회의에서 발표하고 주위의 피드백을 받아 상품개발 작업에 착수하게 됩니다(사실은 여기부터가 진짜 시작이지만, 이 책의 테마에서 벗어나므로 다음 기회에 이야기하겠습니다).

남겨진 아이디어 가운데는 배달 메뉴에 적합하지는 않지만 다른 캠페인에 활용할 만한 것들이 보입니다.

- 크리스마스 햄버거

- 디저트 햄버거

- 강아지용 햄버거

이처럼 아이디어를 저장해둘 수 있는 것도 100개를 생각해내는 장점 가운데 하나입니다. 여러분도 과거의 탈락 아이디어를 저장해두었다가 기회가 무르익은 타이밍에 선보였던 경험이 있지 않나요? 아이디어를 저장해두면 너무 바빠서 아이디어를 생각해낼 겨를이 없을 때 큰 도움이 됩니다. 지금, 아이디어를 100개 생각해두는 것이 곧 미래의 자신을 돕는 일입니다.

생각하라, 궁리하라, 아이디어를 내라

미우라 다카히로 × 하시구치 유키오

©杉山拓也

©広光

공문서를 패러디하여 사회적·정치적 메시지를 담아
화제가 된 켄드릭 라마의 내한공연 광고,
만화 『킹덤』의 '지금, 가장 많이 팔리고 있는, 비즈니스 도서' 캠페인 등
기존 광고의 틀을 넘어선 크리에이티브로 주목받고 있는 인물이
더 브레이크스루 컴퍼니 고(The Breakthrough Company GO)의
창업자이자 PR 및 크리에이티브 디렉터인 미우라 타카히로입니다.
아이디어를 100개 생각해내야 하는 중요성과 그 방법론, 인풋법 등
일과 일상생활 다방면에 활용 가능한
'핵심을 꿰뚫는' 저자의 이야기를 들어보았습니다.

왜, 100개를 생각해내야 하는가?

미우라 타카히로(이하 미우라) '광고업계에서는 카피를 적어도 100개씩 쓴다더라'라는 말을 그저 풍문으로 여기면서 실제로는 그렇게 많이 쓰지 않으리라 생각하는 사람이 많아요. 실제로 하고 있고, 정말 중요한 일인데도요.

하시구치 유키오(이하 하시구치) 가끔 아이디어 워크숍을 열면 아이디어 한 개 달랑 들고 와서 통과되지 않았다고 의기소침해지는 사람들이 꽤 있잖아요.

미우라 뭐 하는 사람인가 싶지요(하하). '당신이 신이라도 되는 줄 아냐'라고 말이죠.

하시구치 '100개 생각해서 그중에 하나라도 좋은 아이디어가 있으면 그걸로 된다'라고 생각하는 사람이 의외로 적은 것 같아요.

미우라 아이디어라는 게 특별한 타이밍에 특별한 방법이 있어야 떠올릴 수 있다고 생각하는데, 절대 그렇지 않아요. 우리

같은 아이디어 프로도 매번 골머리를 썩이면서 어떻게든 짜내잖아요.

아이디어를 짜내는 방법은 많은데, 사람에 따라서는 'KJ법' 같은 방법을 사용하기도 하죠. 그런 방법을 소개하는 아이디어 관련 책이 정말 많아요.

그런데 그런 책에 나와 있지 않은 사실이 있어요. **어떤 방법이든 죽을 만큼 열심히 해야 한다는 것.** 이 지극히 단순한 사실을 다들 숨기고 있어요. 쉽게 아이디어를 낼 수 있다는 식으로 보이고 싶으니까. 세상에 나와 있는 아이디어 책 작가들이 그동안 숨겨온 사실을 만천하에 알린 것이 바로 이 책이라고 생각합니다.

하시구치 고맙습니다. 많은 양의 아이디어를 내야 한다는 점에 대해서는 카피라이터로서 경험을 통해 깨달았습니다. 제가 입사한 지 3, 4년 차에 수많은 히트 광고를 만들어낸 선배 카피라이터와 같이 일을 했을 때였어요. 의욕에 넘친 나머지 그야말로 카피 100개를 써서 가져갔죠. 그랬더니 **"하시구치, 나**

도 생각을 좀 해왔는데, 한번 봐줄래?"라면서 자기가 써온 카피 30, 40개를 그 자리에서 보여주더라고요.

미우라 정말 멋지네요. 그건 보여주기 식이 아니라 진심인 거죠?

하시구치 진심이에요. 저런 위치에 오른 사람도 저렇게 노력하고 있다는 사실에 경악했습니다. 나 같은 초짜는 더 노력하지 않으면 존재가치도 없어지겠구나 싶어서 조바심이 났죠.

미우라 자신보다 기술도 경험도 훨씬 풍부한 사람에게 노력까지 밀리면 다른 방법이 없는 거니까요.

저도 회사원 시절에 많은 양의 아이디어를 낸다는 것은 상식으로 여겼었어요. 젊은 사원 서너 명이 각각 100개씩 내도 클라이언트에게 발표하는 안은 5개 정도고, 세상에 나오는 것은 오직 하나. 지옥 같은 상황인 거죠.

저는 젊은 시절에 남들처럼 똑같이 했다가는 내 아이디어가 채택되지 않을 거라고 생각했어요. 그래서 100개씩 생각하는 걸 그만두고 아이디어 하

나만 낸 적이 있습니다. 다만 그 아이디어 하나에는 전략부터 중심 아이디어, 광고 기획, PR 등을 종합한 기획서 형태로 들고 갔죠. 그렇게 하면 "일단, 이 기획서로 한번 해볼까?"라는 의견이 나옵니다.

물론 기획서를 그대로 클라이언트에게 가져가지는 않고 여기저기 손을 봅니다. 그래도 기획서 어딘가에 제 유전자가 남아있는 데다가, 주도권을 쥘 수 있어요. 젊었을 때는 그런 방법을 써먹었죠.

하시구치 그건 아웃풋이 100개가 아닐 뿐이지, 생각하는 양은 엄청나게 많은 거잖아요.

미우라 거장이라고 불리는 크리에이터는 회의에 아이디어 100개를 가져오지는 않잖아요. 그렇지만 머릿속으로 백 개고 수만 개고 생각한 끝에 추려오는 겁니다.

거장은 초짜와 다르게 100개 중에서 좋은 아이디어 한 개를 스스로 선택할 수 있으니까요.

하시구치 거장이 되어도 미팅에 아이디어를 수십 개씩 가져오는 사람이 있잖아요. **"나는 몸값이 비싸니까 서비스로 이 정도는 하겠다"**라고 말하는 사람을 본 적이 있어요.

미우라 멋지네요. 맞아요, 베테랑이어도 20, 30개씩 아이디어를 가져오는 사람은 많죠.

하시구치 미우라 씨는 아이디어 100개를 써내기 위한 자신만의 스킬이 있나요?

미우라 후배들에게는 **"100명의 소중한 사람에게 써라"**고 말합니다. 예를 들어 어머니, 여자친구, 전 여자친구, 친구, 선배, 신세를 진 상사 등 100명 모두를 설득시킬 정도로 써내라고요. 그 사람의 지갑을 열게 만들기 위한 말을 생각하라는 식으로 이야기를 합니다.

하시구치 그렇군요. 이 책에서도 '관점을 바꾼다'라는 방법을 소개하고 있어요. 역시 본질은 같네요.

똑똑한 척 말고, 바보가 되라

미우라 3장에서 소개한 '자기 인터뷰'는 정말 중요한 포인트입니다. '자신'이라는, 가장 솔직하게 진심을 말해주는 소비자를 다들 잊기 마련이니까요. 자신이 제작자가 된 순간 소비자였던 자신을 잊고 관대해져요.

평소 집에서 텔레비전을 보고 있으면 "따분한 광고네"라거나 "이런 상품을 대체 누가 사겠어"라고 말하면서 말이죠. 그러니까 순수하게 소비자로서의 자신과 제작자인 자신이 대화를 나누는 것은 정말 중요한 일이에요.

하시구치 오히려 일이 되면 자기 자신을 지우려고 하잖아요.

미우라 맞아요. **진짜 해야 할 일은 자기 자신과 제대로 마주하는 것인 데도요.**

하시구치 자신과 마주하는 건 전혀 멋진 일이 아니에요. 투박한 행위죠. 그래서 저는 세련된 차트를 채워가면서 색색의 포스트잇을 벽에 붙이는 방법에는 회의적이에요.

미우라 정말 그렇죠. 포스트잇이나 동영상 이런 거요. 요즘 젊은 사람들이 슬라이드 시작 부분에 사진 20장 정도를 죽 붙여오는데 "이런 거 필요 없으니 아이디어를 내라! 아이디어!"라고 쓴소리하게 될 때가 종종 있어요.

하시구치 미우라 씨의 저서 『초 크리에이티브(超クリエイティブ)』에 나온 발상법은 '사회·미래·인생'이라는 구분이 흥미로웠습니다. 제가 회사에서 배운 건 '상품', '경쟁', '소비자', '세상'이라는 4가지 구분이었거든요.

'미래'라는 것에서 미우라 씨의 독자성이 엿보였고, 앞으로 모두가 의식해야 할 필요가 있다고 생각했어요.

미우라 고맙습니다. 저희는 새로운 상품을 담당할 때 '10년 전에 메루카리를 맡을 각오'라는 점을 의식하고 있습니다. 지금 메루카리(한국의 '당근마켓'과 비슷한 서비스-옮긴이)는 모두가 사용하는 인기 애플리케이션이고, 중고 시장은 이미 자리를 잡은 상태죠.

요즘 젊은 사람들은 메루카리에서 얼마에 팔릴지 생각하면서 물건을 삽니다. 게다가 해외에 진출하여 미국 슈퍼볼 경기장에서 광고를 틀 정도로 성장했습니다. 하지만 10년 전에 이런 상황을 예측할 수 있었던 사람은 거의 없었다고 봐요.

클라이언트인 경영자만이 신념을 갖고 노력했고, 그들을 믿고 함께 달려간 사람들이 있었기에 지금의 성공이 있는 겁니다.

"어떤 상품이든 그것이 널리 보급된다는 전제로 생각한다. 보급됐을 때 사회가 어떻게 변화하는지를 고려하여 파트너로서 접근해야 한다." 저희 직원들에게 항상 이렇게 말하고 있어요.

하시구치 그렇군요. 눈앞에 닥친 일에 몰두하고 있으면 어느새 잊어버리기 쉬운 관점이네요.

미우라 기존의 비즈니스 모델 쪽에 서 있

으면 새로운 것을 부정하기 쉬워요. "이건 경험상 잘 안 될 것 같지 않아요?"라는 식으로요. 혹은 "그렇긴 하지만, 이런 사용법은 이미 있을걸요?"라고 말해요. 그렇게 선택의 여지도 없이 소극적으로 생각하게 되는 거죠.

하시구치 맞아요. 똑똑한 척하면서 조금 냉소적으로 바라보는 태도라고 해야 하나.

미우라 그렇죠. 사실 좋은 의미에서 바보가 돼서 '이 상품이 널리 퍼지면 어떤 식으로 세상이 나아질까'라고 긍정적으로 생각하는 게 좋죠.

냉소적으로 바라보면 아이디어가 점점 줄어드니까요. 어차피 시장을 점유하기 위한 아이디어를 생각해내는 거라면, 널리 보급된다는 전제로 생각하자는 거죠.

하시구치 이른바 인기 크리에이터라고 불리는 사람 중에 세상을 냉소적으로 바라보는 사람 많지 않나요?

미우라 좋은 크리에이터는 대부분 삐

딱해요. 세상의 뒷면을 본다는 의미에서요.

크리에이터에는 세 부류가 있다고 생각해요.

우선은 '삐딱함'. 카페에서 다들 "맛있다!"라고 말할 때 "근데 이 음료 탓에 개발도상국 아이들이 엄청나게 고생하고 있지"라고 말하는 사람입니다. 즉, 모두가 눈치를 채지 못하는 세상의 뒷면을 보고 있는 거죠.

그리고 '거침없음'. 카페에서 "이거 10엔 깎아줄 수 있어요?" 하고 아무도 못 하는 말을 거침없이 해버리는 사람.

마지막으로 '자기중심'. 카페에서 모두가 맛있다고 말할 때 "생크림을 두유로 바꿔주세요"라고 주문하는 사람. 자기 욕망을 관철하는 겁니다.

'삐딱함', '거침없음', '자기중심'. 이렇게 세 부류 정도로 나뉘지 않나 싶어요.

하시구치 그렇게 따지면 저는 완벽한 1번입니다(하하). 이 책에서도 '부정적인 발상'이라는 스킬을 소개하기도 했고요. 하지만 요즘에는 사람들 앞에서는 그런 부분을 드러내지 않도록 하고 있죠.

미우라 그런가요?

하시구치 네. 문득 제가 냉소적으로 바라보면 주변 사람에게도 그 기운이 전염되기 때문에 좋지 않다는 생각이 들었어요.

인기 크리에이터 가운데 냉소적으로 보는 부류의 사람들은 겉으로는 이런저런 말을 해도 대부분 마음속으로는 상품을 긍정하고 있어요. 하지만 겉으로 드러난 태도만으로 판단되어버리는 경우가 많죠.

바쁜 사람들을 위한 인풋법

하시구치 이 책에서는 갑자기 아이디어를 내는 것은 불가능하니까 우선 인풋부터 하라고 제안합니다. 미우라 씨의 인풋 기술이 있다면 들려주세요.

미우라 과제 의식이 있으면 인풋 체질로 바뀔 거라고 생각해요.

예를 들어 아침에 부부싸움을 하고 이혼해야겠다며 실랑이를 벌이다가 출근하는 길에 주간지 광고에 실린 불륜 기사나 법률회사 광고가 눈에 들어온다던가. 매일 지하철을 타는데 그때까지만 해도 보이지 않았던 것이 보이기 시작하는 거죠.

저는 회사 대표로서 담당 클라이언트를 과제로써 의식합니다. 편의점, 음료 회사, 문구 브랜드, IT 스타트업 등 각종 상품을 팔아야 한다고 의식하면 관점이 바뀝니다. '아, 이거 어딘가에 써먹을 수 있지 않을까' 하고요.

서로 다른 업계라도 공통되는 부분이 있다는 점을 깨닫고 나면 세상을 대하는 방법이 변하죠.

그리고 하나 더, 책을 읽어야 한다는 사명감이 있어요. 스마트폰이라는 게 진짜 시간 도둑이라서, 스마트폰 만질 시간에 책을 읽자고 마음먹었습니다. 최근에는 책을 대량으로 사서 1, 2장을 대충 훑어보다가 코드가 맞지 않는다고 느껴지면 거기서 덮어버려요.

하시구치 그 독서법 좋네요. 대충 훑어

보고 안 맞으면 빨리 덮어버리고, 한 권 읽은 것으로 치는 거죠.

저는 다독을 동경해서 독서 노하우 관련 책도 가끔 읽는데, 여태 한 번도 성공한 적이 없어요.

미우라 직장인 필독서 같은 베스트셀러가 있잖아요? 그런 것도 대충 훑고 안 맞으면 빠르게 덮어버립니다. 어쩔 수가 없다는 생각이 들어서.

하시구치 영화나 드라마는 어떤가요?

미우라 저는 영화는 거의 포기했어요. 광고는 많이 보지만 영화까지 손을 댔다가는 시간이 없어질 것 같아서요.

하시구치 크롬의 비디오 스피드 컨트롤러라는 확장기능을 사용하면 영상을 빠른 속도로 볼 수 있어요. 업무상 도움이 될 만한 유행하는 드라마를 봐두고 싶을 때 종종 사용하죠. 성격이 급해서 전개가 느린 로맨스 드라마 같은 장르는 6배속으로 봅니다(하하).

회의도 화상으로 녹화가 가능해졌기 때문에 재미없다고 느껴지면 결석하고 나중에 녹화본을 6배속으로 보기도 하죠.

미우라 요즘 같은 세상에는 일이라는 최고의 취미에 시간을 빼앗기고, 거기에다가 소셜미디어에도 시간을 빼앗기면서 살아가고 있잖아요. 이런저런 일을 모두 망라하며 살아가는 건 참 어려운 일이에요.

하시구치 제 강점이나 하고 싶은 일을 고려해서 무언가를 포기하며 살 필요는 있는 것 같아요.

미우라 책은 상호작용을 하죠. 일정 수준 이상의 양질인 데다가 원하는 페이지부터 읽을 수 있고, 들고 다닐 수도 있고, 메모도 할 수 있고, 때로는 그냥 쓰레기통에 버릴 수도 있죠. 지금 저에게는 책이 최고의 정보원이고 가성비도 좋다고 생각합니다.

항상 궁리한다

미우라 저랑 하시구치 씨의 의외의 공통점은 라임스터(RHYMESTER)라는 힙합 그룹을 좋아한다는 점이죠. 라임스터 노래 중에 「K.U.F.U(궁리라는 뜻이며 일본어로 쿠후(工夫)라고 발음한다-옮긴이)」라는 노래가 있잖아요. '궁리하라'는 거죠.

어째서 눈앞에 있는 것을 눈앞에 있는 그대로 두는가. 조금이라도 편해지거나 나아지는 방법을 생각하라. 그렇게 생각한 결과 중에 유효한 것을, 사람들은 아이디어라고 부릅니다.

아이디어는 일과 인생, 그러니까 여러 방면에서 중요하다고 생각해요.

하시구치 라임스터는 **'천재가 아니니까 궁리해야 한다'**라는 맥락에서 '궁리'를 말하고 있어요. 천재는 궁리하지 않아도 괜찮을지 모르죠. 하지만 그렇지 않은 사람은 항상 궁리해야 합니다.

천재는 천 명에 한 명 정도밖에 없으니까, 거의 모든 사람은 궁리하지 않으면 안 되는 거예요. 아이디어를 궁리라고 해석하고 보면, 궁리가 다양한 업무에 필요하다는 사실을 알 수 있죠.

미우라 고교 시절 유도부 감독님은 강해지려면 머리를 써야 한다는 말을 자주 하셨어요. 저는 체구도 작았고 연습량도 부족했기 때문에 평범하게 싸워서는 다른 선수를 이길 수가 없었죠. 그래서 깊이 생각한 끝에 종합격투기와 레슬링 기술을 연습하기로 마음먹었어요. 저보다 강한 선수라도 모르는 기술에는 대처할 수 없으니까요. 결국은 전국대회에 나갈 정도로 실력이 늘었습니다.

이것도 '궁리'고 아이디어죠. 우리 회사는 광고회사치고 규모가 작지만 큰 프로젝트를 맡고 있어요. 고교 시절 '머리를 써서 승리한다'라는 것이 체질로서 인풋이 된 것 같아요.

하시구치 어떤 일을 하고 있든 절대로 100점 만점을 따낼 수 없는 안건을 맡을 때가 있잖아요. **그럴 때는 20점 정도만 따야지가 아니라 40점은 따내야겠다고 생각해요.**

업계에서 활약하고 있는 사람들은 다들 그렇잖아요. 알려지는 건 80점 이상의 일이니까 모르고 지나치는 사람이 많지만.

대부분은 20점짜리 일을 맡으면 대담하게 0점을 택합니다. 하지만 시험공부와 마찬가지로 20점을 40점으로 올려야 언젠가 100점으로 연결이 되죠.

제 나름의 '머리를 써서 승리한다'라는 건 이런 겁니다. 겉보기에 재미없고 돈이 안 되는 안건일수록, 아이디어가 필요하다고 생각해요.

모든 일은 아이디어에 달렸다

미우라 예를 들어 이런 거죠. 채소가게라면 '이 무를 팔려면 어떤 아이디어가 필요할까?'라던가. 가정교사라면 '이 학생의 내신 성적을 높이려면 어떻게 해야 할까?'라던가.

아이디어라고 하면 광고나 이노베이션처럼 거창한 것을 떠올리기 쉽죠. 하지만 저는 여러 곤란한 과제를 해결하기 위한 방법을 아이디어라고 부릅니다. 그러니까 아이디어가 필요 없는 일이란 이 세상에 없다고 할 수 있죠.

하시구치 저도 동의합니다. 아이디어라는 건 재미있는 광고를 생각해내거나 멋진 포스터를 만드는 게 아니니까요.

식품회사에 다니는 사람이 재고를 줄이는 아이디어를 내거나 교육 관련 일을 하는 사람이라면 아이들이 스스로 숙제를 하고 싶어지게 만드는 아이디어를 내거나.

이번 대담을 계기로 그런 변화가 일어난다면 정말 멋질 것 같습니다. 오늘 정말 감사했습니다!

일 잘하는 사람에겐 항상 선택지가 있다

"시카타가나이(仕方がない)."

이것은 '어쩔 수 없다, 방법이 없다'라는 뜻이며 일본인의 국민성을 보여주는 말로써 세계적으로 알려져 있습니다. 영어판 위키피디아에는 'Shikata ga nai'라는 항목이 있고, 그 의미에 대해 자세히 설명하고 있습니다. 일부를 인용하겠습니다.

일본인은 자신의 힘으로는 해결할 수 없는 비극이나 부정행위를 당했을 때, 위엄을 지키기 위해 '시카타가나이'라는 말을 사용한다. 프랑스어의 '세라비('그것이 인생이다'라는 뜻-옮긴이)'와 비슷한 의미다. 이 말은 일본을 다룬 서양 문헌에도 종종 소개되고 있다. (중략)

'시카타가나이'에는 부정적인 의미도 있다. 일본인은 사회적으

로나 정치적으로나 역경에 맞서지 않고 쉽게 받아들이고 만다
는 것이다.

코로나19 이전부터 일본에는 각종 문제가 산더미처럼 쌓여 있었
습니다. 저출산 고령화, 국가채무, 좀처럼 나아지지 않는 여성의 사
회참여, 뒤처진 IT화, 에너지 문제. 지금은 '시카타가나이'라는 정체
의 기운이 더욱 깊이 감돌고 있습니다.

하지만 일본 사회의 현상은 우리 한 명 한 명의 자화상이라고도
할 수 있습니다. 저 역시 신입 시절에는 아이디어 달랑 하나 들고
회의에 출석했습니다. 그리고 그 아이디어가 받아들여지지 않으면
'어째서 상사는 내 아이디어를 몰라주는가?', '시카타가나이, 여긴
조직이다'라며 의기소침해져서는 그냥 포기해버리곤 했습니다.

하지만 그것은 잘못된 생각입니다. 항상 선택지는 있습니다. 100
개가 되었든 1,000개가 되었든, 아이디어를 내고 그 가운데 고심해
서 하나를 선택해야 합니다. 그렇게 하면 반드시 길은 열립니다.

"시카타가나이"라며 현상을 그저 받아들이는 사회에서 선택지가
넘치는 사회로. 그러한 변화에 이 책이 조금이나마 공헌할 수 있다
면 필자로서 그 이상의 기쁨은 없을 것입니다.

많은 분의 도움이 있었기에 이 책을 집필할 수 있었습니다.

기획부터 진행까지 '시카타가나이'라고 포기하지 않고 끝까지 지

원해준 매거진하우스의 노이 사토코 편집자님. 주말이나 연말연시에도 홀로 방에 틀어박혀 집필하는 저를 묵묵히 지켜봐 준 아내와 아이들. 많은 양의 카피를 써야 한다는 중요성을 깨닫게 해준 카피라이터 선배님들.

그리고 100권도 넘게 출간된 아이디어 도서 가운데 이 책을 선택해서 여기까지 읽어주신 여러분.

정말 감사합니다.